我爱灿烂的五千年

了解一方文明从一座博物馆开始

文物没有呼吸
却有不朽的灵魂和生命
穿越千年与我们相逢

一本博物馆
全国博物馆通识系列

广东省
博物馆

广东省博物馆 编著

四川人民出版社

图书在版编目（CIP）数据

广东省博物馆 / 广东省博物馆编著. -- 成都：四川人民出版社，2025.8. -- （全国博物馆通识系列：一本博物馆）. -- ISBN 978-7-220-13679-5

Ⅰ. G269.276.5

中国国家版本馆 CIP 数据核字第 2024YH4974 号

GUANGDONGSHENG BOWUGUAN
广东省博物馆
广东省博物馆 编著

出 版 人	黄立新
选题策划	北京增艳锦添
统筹编辑	蒋科兰　李天果
责任编辑	蒋科兰　孙　茜
特约编辑	李天果　温　浩
特约校对	李永杰
责任印制	周　奇
装帧设计	北京增艳锦添
出版发行	四川人民出版社（成都市锦江区三色路 238 号）
网　　址	http://www.scpph.com
E-mail	scrmcbs@sina.com
新浪微博	@四川人民出版社
微信公众号	四川人民出版社
发行部业务电话	（028）86361653　86361656
防盗版举报电话	（028）86361661
照　　排	北京增艳锦添企业形象策划有限公司
印　　刷	成都市东辰印艺科技有限公司
成品尺寸	155mm×220mm
印　　张	20.25
字　　数	230 千
版　　次	2025 年 8 月第 1 版
印　　次	2025 年 8 月第 1 次印刷
书　　号	ISBN 978-7-220-13679-5
定　　价	99.00 元

■ 版权所有·侵权必究

本书若出现印装质量问题，请与我社发行部联系调换

电话：（028）86361653

《一本博物馆 广东省博物馆》编写委员会

总 顾 问	肖海明				
主　　编	陈邵峰	曹增艳			
副 主 编 首字笔画数排序	丁　宁	习阿磊	白　芳	刘春喜	陈　枸
	宋　敏	吴振红	胡林玉	黄涛坚	温　浩
编委成员 首字笔画数排序	方子潇	王　婷	王　慧	仇一凡	付　雪
	司徒岩	任文岭	刘叶枝	刘冬媚	江　楠
	吴　沫	肖　航	陈　坤	易　娜	林广清
	单　霄	徐晶晶	徐　杨	梁　赟	黄英虹
	章俊霞	蒋晓明			
	刘滨滨	李天果	岳娜娜	殷莲莲	席翠翠
插画设计	闵宇璠	赵　静	罗　玉		
平面设计	翁玲玲	孙　博	赵海燕		
设计指导	刘晓霓				
诗文撰稿	曹增艳	张富遐			
统　　稿	陈邵峰	曹增艳	陈　坤		
书　　法	张其亮				

选题策划	北京增艳锦添企业形象策划有限公司
	潍坊增艳企划发展有限公司
资料提供	广东省博物馆

前言

为什么出版"一本博物馆"系列图书?我们曾经反复追问自己,试图把这个问题表述清楚。

你是否有过这样的经历?每到一个地方,因为慕名而来,也因为带着一份好奇和对文化的膜拜,一定要参观一次当地的博物馆。于是,花费一两个小时,走马观花,耳目中塞满了没有任何基础铺垫的知识,看过博物馆只能说出其中几件知名度极高的藏品。绝大多数的观众穿越千山万水,可能一生中仅有一次机会与这些承载几千年历史的古物相见,而这一次起到的作用仅仅是"有助谈资",对博物馆里真正的宝藏,仅算瞥了一眼。

大家需要"一本博物馆"

博物馆不是普通旅游景点,其中陈列着数以万计的文物,背后藏着丰富的文化内容。如果参观博物馆前不认真准备一番,只是匆匆走过,难免像看了一堆陈旧物品的"文化邮差"。参观博物馆前预习,参观时看到文物才会与它似曾相识;参观博物馆后温习,回味给自己留下深刻印象的内容和文化脉络,如此,才算基本了解一座博物馆。

博物馆里有一锅"文化粥"

如果说,考古是人类文明的"第一现场",那么,博物馆则是"第二现场",从发掘转向了收藏和展示。在博物馆中,人类文明被高度浓缩,大众得以与历史直面。

美国盲人作家海伦·凯勒曾在《假如给我三天光明》一书中写道,如果拥有三天光明,她会选择一天去博物馆:"这一天,我将向过去和现在的世界匆忙瞥一眼。我想看看人类进步的奇观,那变化无穷的万古千年,这么多的年代,怎么能被压缩成一天呢?当然是通过博物馆。"

博物馆有多种类型：综合的、历史的、自然的、艺术的、科技的、特殊类型的等等。博物馆里有百科，是一锅熬了千百年、包罗万象并经过系统整理、直观呈现人类文明的"文化粥"。

文物是眼见为实的历史

文物是眼见为实的历史，即使是学者们对此解读有争议，起码也是在实证的基础上进行的。如此，我们便更能了解历史的原貌，这是对历史的尊重。

文物是形象化的记忆

事物容易被记住往往首先是因为它有趣的形式。千言万语不及一张图。有学者推算，我们一般人"记忆中的语言信息量和形象信息量的比为1∶1000"。文物正是因其有趣的形式、直观的形象，比文字记录更让人印象深刻。

文化是民族的血脉和灵魂

文化是民族的血脉和灵魂。一个国家、一个民族、一个家族、一个人的自信不仅缘于有多少财富、多大权力，还缘于其深厚的文化底蕴。好比我们以自己的家世为荣，有一天，拿着母亲的照片对别人说："这是我母亲年轻的时候，她也曾经风华绝代呢。"

如上缘起，博物馆专家团队与北京增艳锦添，联合出版"一本博物馆"系列丛书，根据每个博物馆展览陈列的线索，尽可能多地选取每个展厅中的文物，将翔实的内容、严谨的知识用通俗的语言表达出来，以有趣的形式呈现。我们的目的只有一个：大家拿着"一本博物馆"，走进一座博物馆，爱上连绵不断的中华五千年文明。

序

广东省博物馆（广州鲁迅纪念馆）地处粤港澳大湾区中心城市——广州，于1959年10月1日正式开放，现有珠江新城馆区和文明路馆区，总建筑面积达7.7万平方米。作为首批国家一级博物馆和粤港澳大湾区重要的文化旅游地标，我馆年接待观众超过400万人次，常年稳居全国博物馆热搜榜前十，是世界各地观众品味岭南优秀传统文化、了解中华文明的重要窗口。

馆藏藏品32万余件（套），涵盖历史、艺术、革命、自然类藏品，数量多、品类丰富、特色鲜明是我馆藏品的显著特征。随着近年"博物馆热"的到来，我馆的广东自然资源展厅和金漆木雕大神龛、石湾窑黄炳塑素胎金丝猫、广宁玉雕鸡等诸多藏品，成为观众必到的热门"打卡"点，相关的衍生文创也破壁出圈。因此，为了让大家能更好地了解我馆的馆藏精品，我馆的专家团队和北京增艳锦添公司共同策划、撰写了《一本博物馆·广东省博物馆》，以我馆馆藏精品为基础，以馆内基本陈列展览为纲，对特色馆藏进行了细致梳理，力求以通俗易懂、图文并茂的形式呈现给大家。

本书作为了解广东省博物馆的通识读本，我们希望其能够发挥"以点串线、以线及面"的积极作用：

一是帮助观众从常设展览数千件展品中体味重"点"展品的底蕴，让观众更深入地了解精品文物的历史、艺术和科学价值。

二是满足观众朋友们"把博物馆带回家"的新需求，借助本书让文物活起来，把参观广东省博物馆的记忆"线"长久保留下来，随时随地感受文物之美。

三是向未能遍览馆藏和暂未到馆的观众朋友们提供一份广东省博物馆的文化手册，让大家可以"未见其人，先闻其声"，从总体上了解岭南风土人情的基本"面"。

我相信，在编写组诸位同人的共同努力下，本书必能成为广东省博物馆自我展示的一张特色名片，成为大家了解广东省博物馆的一个重要载体，成为吸引大家走进博物馆、感受博物馆、热爱博物馆的一位知心向导。

"知来处，明去处"，博物馆是连接过去、现在、未来的桥梁，一件件文物承载着历史的沧海桑田。随着中国经济社会的发展，我们正在见证着中华优秀传统文化的复兴，越来越多的人更愿意通过参观博物馆深入了解辉煌灿烂的中华文明，感受中华民族的历史底蕴。今后，我馆将一如既往地秉承"平安粤博、优美粤博、学术粤博、品质粤博、创新粤博"的发展理念，全力打造立体博物馆，努力将广东省博物馆建设成岭南文化传播的标杆、中国博物馆事业的南方支点，成为构建人类命运共同体的重要文化力量。

广东省博物馆（广州鲁迅纪念馆）馆长
2025年6月3日

目录

了解广东省博物馆
广东省博物馆楼层平面示意图 /002
广东省博物馆简介 /004

广东历史文化陈列

第一篇　南粤源流

远古遗踪
玉琮 /012

民族融合
冼夫人塑像 /013
兽面纹青铜盉 /015
陶屋 /016
张拯陶砚 /017
铁花盆 /017

三大民系
陶鸭／陶公鸡／陶羊 /019
陶水田附船模型 /020
粉彩描金赛龙舟图大盘 /023
潮州窑青花缠枝花卉纹盖罐 /026
通雕"七贤进京"图神龛门中窗肚 /029
通雕鲤鱼跳龙门图窗花 /030
陶五联罐 /032
褐彩人物梅瓶 /033
陶坐衙模型（部分）/034

第二篇　扬帆世界

海不扬波
陶船 /037

海贸基地
水车窑青釉双耳壶 /038
青釉四系盖罐 /039
釉下褐彩"洞里桃花"铭四耳罐 /040
铜钱与礁石粘结块 /041
景德镇窑青花封侯爵禄图"富贵佳器"款盘 /042
青花广州风景洋人图大盘 /043
石湾窑绿釉方形烛台 /044
宜兴窑加彩折枝菊纹紫砂壶 /045
黑缎广绣风纹女衫 /046

海事管理
铁权 /047
粤海关"壹佰两"砝码 /048

东西汇流
玻璃、玛瑙、水晶串珠 /049
金项饰 /050
德化窑白釉达摩执鞋像 /051
风雨寒暑表式铜座钟 /052
"石室"教堂模型 /053
铜铳 /054
宝石红料鼻烟壶 / 青花粉彩螃蟹花鸟纹鼻烟壶 /055

十三行
煜呱《广州港全景图》/056
广州手绘农耕商贸图外销壁纸 /058
银锤胎徽章留白人物故事图执壶 /060
铜镀金西洋钟 /061
广彩描金爱尔兰 King 纹章纹盘 /062
广彩通景航海西洋人物图盖执壶 /063
广彩人物纹盖盅、托盘 /063

002　广东省博物馆

黑缎地广绣花鸟图挂屏（其一）/064
黑漆描金异形骨官邸庭院人物、花鸟图折扇 /065
雕龙花卉纹象牙球 /066
铜胎画珐琅花卉纹碗 /067
黑漆描金人物故事图针线捧盒 /068

海外粤人

广东省自然资源展览
—— 粤山秀水 丰物岭南

第一篇　地质地貌馆

第二篇　矿产资源馆
能源矿产

金属矿产

非金属矿产

地下水资源

第三篇　宝玉石馆
宝石

玉石
阳春孔雀石 /085
广宁玉雕鸡 /086

第四篇　中草药馆
中草药治疗的起源

广东医事

珍稀濒危中草药

广药

第五篇　陆生野生动物馆
认识脊椎动物

广东野生动物家园

第六篇　海洋动物馆

第七篇　古生物馆
生命的印迹

史前植物

恐龙世界

地球往事

鸟类起源

似龙非龙——恐龙时代天空和海洋的统治者

远古广东的动物居民

植物在广东的发展历程

广东的恐龙化石

漆木精华——潮州木雕艺术展览

第一篇　源流篇

发展期

成熟期
浮雕"空城计"图花板 /119

兴盛期
描金漆画"豳风图"大寿屏 /120
通雕"百花盛开 双凤来朝"图窗花 /122
通雕蟹篓形梁托 /123

衰退期
浮雕洋车人物图花板 /124
金漆木雕博古人物故事图小神龛 /125

复兴期
通雕蟹篓 /126

第二篇　制作篇

沉雕花鸟图花板 /128
高浮雕双凤牡丹纹花板 /129
锯通雕"五福临门"纹窗花 /130
圆雕狮子 /131

第三篇　器用篇

建筑饰件
金漆木雕鱼龙纹雀替 /133

礼祭器具
金漆木雕神轿 /134
金漆木雕神亭 /135
金漆木雕大神龛 /136

家具陈设
金漆木雕牡丹如意 /137

目录　005

精品展示
金漆木雕薰炉罩 /138
金漆木雕长方形馔盒 /139
金漆木雕茶担 /140

第四篇　欣赏篇
金漆木雕开光人物花果纹糖果架 /141
金漆木雕龛前瓶花 /142
金漆木雕二十四孝图大寿屏 /143
通雕花鸟纹花板 /144
通雕"九蝠捧寿"纹龛门肚 /145
金漆木雕人物故事图菱形馔盒 /146
浮雕"喜鹊闹梅"纹花板 /147

第五篇　艺术篇
题材内容丰富多彩
通雕郭子仪庆寿图花板 /149
通雕鱼藻纹花板 /149
金漆木雕几何纹窗花 /150

形式多样的构图布局
通雕丹凤朝阳图帐顶构件 /151
通雕博古纹窗花 /152
通雕赵云救阿斗图花板 /153

灵活多变的艺术手法
通雕仙人花卉博古纹神龛门肚 /154
通雕"黄飞虎反五关"图龛楣花 /155
金漆木雕群狮漆画人物故事图菱形馔盒 /156
金漆木雕人物故事图嵌书画桌屏 /157

独具特色的总体装饰
金漆木雕彩漆画菱形馔盒 /158
浮雕状元及第花板 /159

土火之艺——馆藏历代陶瓷展览

第一篇　初见窑火 —— 陶器的起源与瓷器的滥觞
（新石器时代—三国两晋南北朝）

半山类型五圆圈纹双系彩陶罐 /162
马厂类型蛙纹双系彩陶壶 /163
绳纹陶罐 /164
原始青瓷双耳兽首鼎 /164
青釉羊形器 /165
青釉堆塑楼阁人物鸟兽谷仓 /166

第二篇　瓷国崛起 —— 陶瓷的发展期
（隋唐五代宋辽金）

青釉三兽足龙柄鐎斗 /168
青釉四系盖罐 /169
白釉双龙耳瓶 /169
越窑青釉葵瓣口碗 /170

邢窑白釉碗 /171
青釉贴花人物纹执壶 /172
西关窑绿釉双耳葫芦瓶 /172
岳州窑青釉莲瓣纹小口瓶 /173
景德镇窑青白釉印花八角带盖梅瓶 /174
扒村窑白地黑花花卉纹玉壶春瓶 /175
钧窑天青釉紫斑盘 /176
修武窑绞胎小碗 /176
吉州窑剪纸贴花双凤梅花纹碗 /177
定窑白釉刻花盘 /177
龙泉窑刻花带盖五管瓶 /178
龙泉窑青釉双耳盘口瓶 /179
辽黄釉鸡冠壶 /180
黑釉剔花小口瓶 /181
磁州窑褐釉花卉纹虎形枕 /182

第三篇　各领风骚 —— 陶瓷的鼎盛期
（元、明、清）

景德镇窑青花人物图玉壶春瓶 /184
磁州窑褐彩"唐僧取经"故事图枕 /185
磁州窑孔雀绿釉仕女图梅瓶 /186

目录　007

景德镇窑釉里红菊花纹大盘 /187
景德镇窑白釉玉壶春瓶 /188
景德镇窑青花人物图梅瓶 /189
景德镇窑黄釉碗 /190
珐华凸花云龙纹梅瓶 /191
青花开光人物图罐 /192
五彩龙纹小罐 /193
德化窑白釉"陈伟之印"款负书罗汉像 /194
德化窑白釉童子观音像 /195
明隆庆款青花嫦娥奔月图八角盘 /196
宜兴紫砂像生瓜形壶 /197
黄釉大碗 /198
豇豆红釉太白尊 /199
景德镇窑珊瑚红釉提梁茶壶 /199
五彩西厢人物故事图大笔筒 /200
景德镇窑五彩花鸟纹双耳椭圆形盆 /201
孔雀绿釉素三彩"官上加官"图玉壶春瓶 /202
斗彩团花纹盖罐 /203
景德镇窑胭脂红釉罐 //204
窑变釉石榴尊 /205
松绿地粉彩折枝花卉纹瓶 /206
景德镇窑粉彩玲珑花果纹小碗 /207
景德镇窑黄地绿龙纹盘 /208
景德镇窑粉彩八吉祥纹双耳三足炉 /209
景德镇窑五彩人物图方形瓶 /210
粉彩"喜鹊登梅"图渣斗 /210
青花云鹤纹带爵盘 /211

第四篇　南国明珠 —— 广东陶瓷的发展历程（新石器时代至清代）

水车窑青釉双系大口罐 /213
青釉夹梁盖罐 /214
潮州窑青白釉佛像 /215
海康窑釉下褐彩凤鸟纹荷叶盖罐 /216
石湾窑翠毛釉梅瓶 /217
广彩纹章纹镂空双耳高足盖罐 /218
广彩波斯文铭文人物故事图大碗 /219
广彩人物图双耳盖盅 /220
石湾窑黄炳塑素胎金丝猫 /221

008　广东省博物馆

紫石凝英——端砚艺术展览

第一篇　砚林回溯
青釉三足陶砚 /224
双足箕形铜砚 /225
端石箕形砚 /225
端石抄手砚 /226
端石琴式砚 /226
端石荷花长方砚 /227
永和元年砖砚 /228
青花八卦纹瓷砚 /229
青玉蝉形砚 /230
石渠式漆砂砚 /230
端石荷叶砚 /231
端石山外青山楼外楼砚 /232

第二篇　石质粹美
端石钟形砚 /233
端石天蝠云龙砚 /234
端石夔纹长方砚 /235
澄泥仿宋天成凤字砚 /236
钟纹红丝砚 /237
松花石麒麟长方砚 /237
端石长方砚 /238
端石长方板砚 /238

第三篇　神工鬼斧
工艺流程

雕刻技法
端石鹅形砚 /239
端石荷叶砚 /240

砚形砚式
端石涡池小砚 /240
端石荔枝砚 /241
端石螺蚌砚 /241

装饰题材
端石刘伶醉酒砚 /242
端石兰亭砚 /243
端石井田砚 /244

因材施艺
端石千金猴王砚 /245
端石佛手砚 /246

第四篇　文人与砚
镌诗题铭
端石闲足道人长方砚 /248

著书立说
端石东坡笠砚 /249

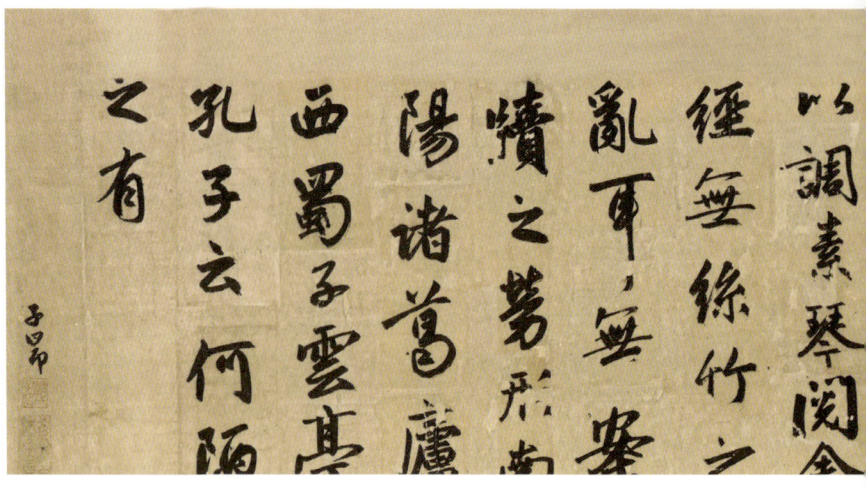

🍃 中国古代书法与绘画

《佛说了知经》册（局部）/252
《春游晚归图》册页 /253
《墨龙图》轴 /254
《竹石图》轴 /255
《陋室铭》卷 /256
《行书七绝》轴 /257
《青山白云红树图》轴 /258
《松鹤图》轴 /259
《行书自书词》卷（局部）/260
《淞江图》轴 /261
《梅花诗》卷 /262
《雪梅双鹤图》轴 /263
《溪山高逸图》卷（局部）/264
《名园雅集园图》卷（局部）/265
《寒山策蹇图》轴 /266
《梅竹图》轴 /267
《隶书五律诗》轴 /268
《拟子久山水图》轴 /269
《行书七律诗》轴 /270
《墨竹图》轴 /271
《仿古山水图》册（之一）/272
《写陆游诗意图》册（之一）/273

010 广东省博物馆

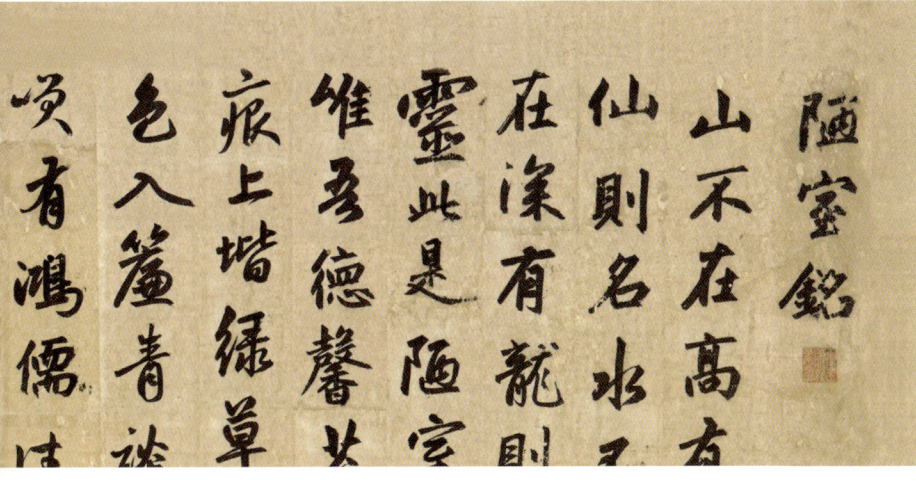

《山水图》册（之一）/274
《松壑清泉图》轴 /275
《疏柳八哥图》轴 /276
《墨荷图》轴 /277
《双鹿图》轴 /278
《指画听风图》轴 /279
《镜影水月图》轴 /280
《溪月黄昏图》轴 /281
《行书》轴 /282
《篆书五言联》/283
《饮马渡关图》轴 /284
《老虎图》轴 /285
《春荫对话图》轴 /286
《松鹰图》轴 /287
《毛主席隶书语录》轴 /288
《清漓渔歌图》轴 /289
《猫石图》轴 /290
《山水图》轴 /291

广州鲁迅纪念馆

生字词注音释义 /298

广东省博物馆
GUANGDONG MUSEUM

了解广东省博物馆

筹建时间：1957年

地理位置：广东省广州市天河区珠江东路2号（珠江新城馆区）
广东省广州市越秀区文明路215号（文明路馆区）

建筑面积：7.7万平方米

常设展览：广东历史文化陈列、广东省自然资源展览、潮州木雕艺术展览、馆藏历代陶瓷展览、端砚艺术展览

藏品数量：32万余件（套）

藏品特色：古代书画和陶瓷两类文物的数量和质量居于全国博物馆前列，外销艺术品、出水文物、华侨文物、潮州木雕、端砚等特色文物收藏在全国首屈一指。

＊本书中尚不能确定的文物信息，均暂付阙如。

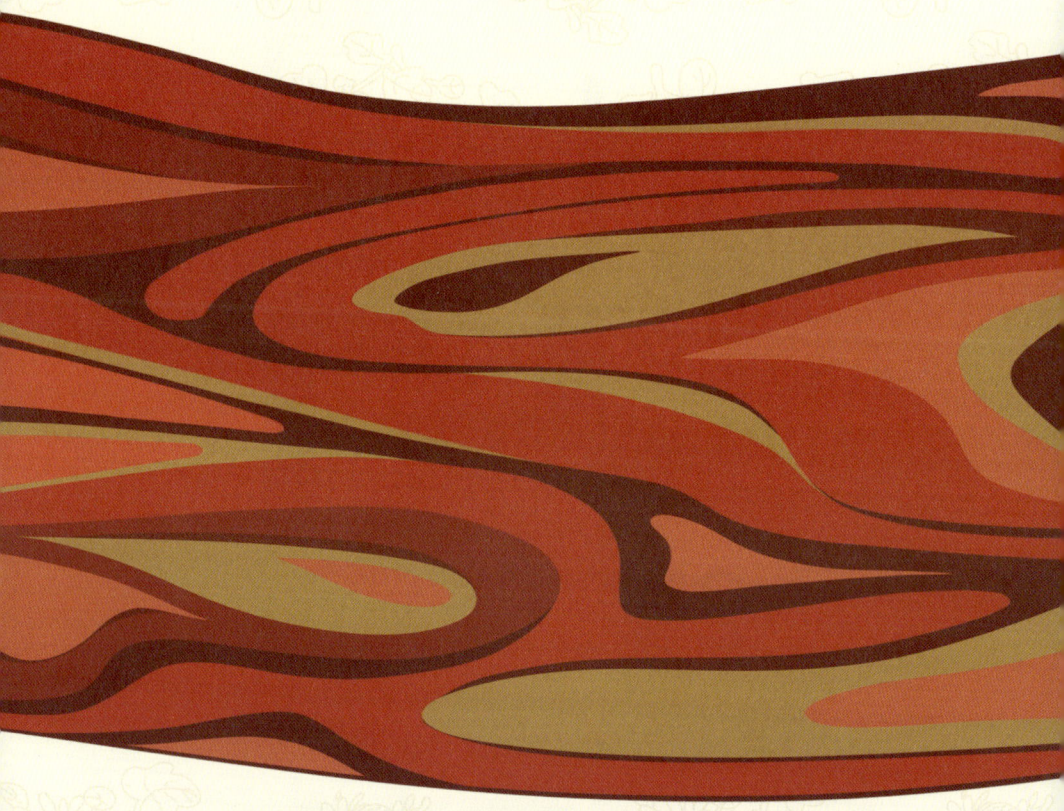

广东省博物馆
楼层平面示意图

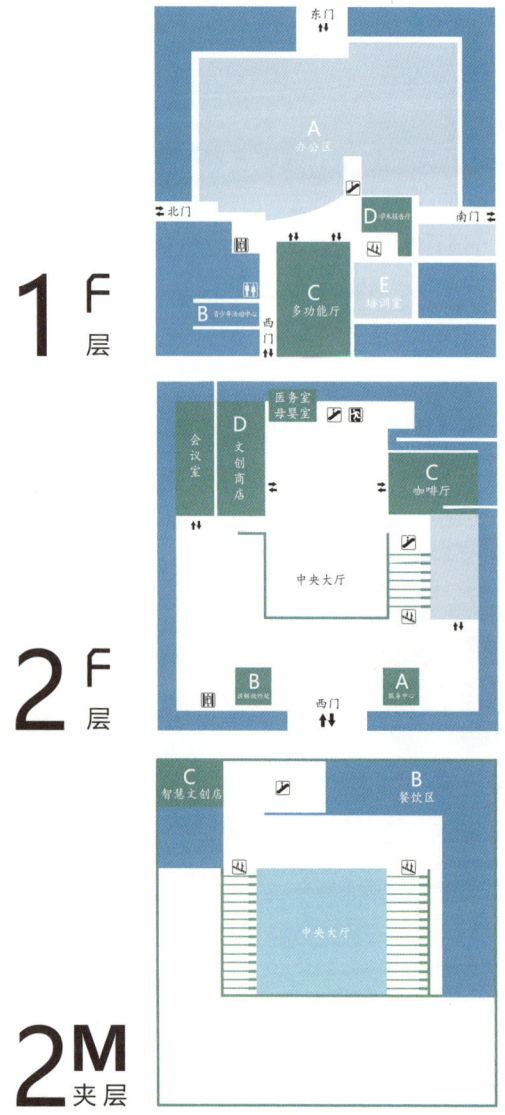

002　广东省博物馆

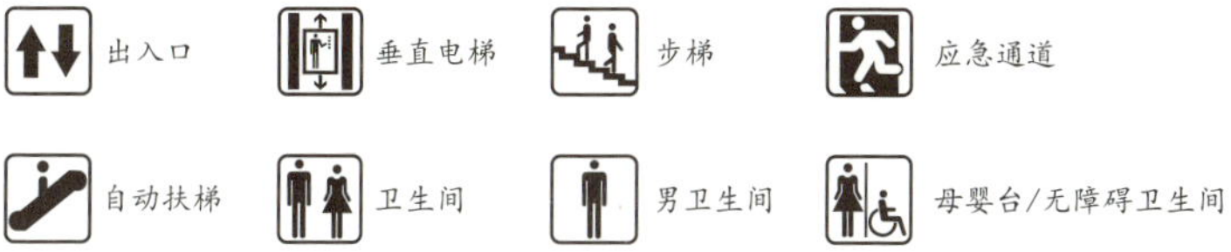

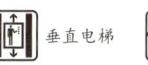

出入口
垂直电梯
步梯
应急通道
自动扶梯
卫生间
男卫生间
母婴台/无障碍卫生间

3F 层

A
展厅一
G
广东省自然资源展厅
B
展厅二
中央大厅
F
专题展厅
E
端砚艺术展厅
C
展厅三
D
潮州木雕艺术展厅

3M 夹层

A
广东省自然资源展厅
E
粤读空间
中央大厅
B
陶瓷展厅
D
粤艺空间
C
潮州木雕艺术展厅

4F 层

B
广东省自然资源展厅
中央大厅
A
广东历史文化展厅

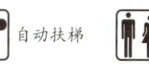

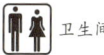

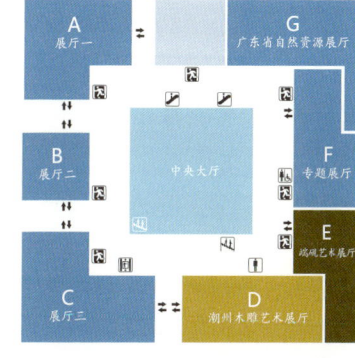

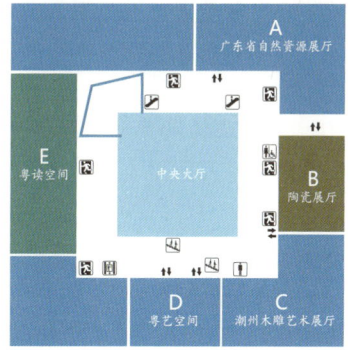

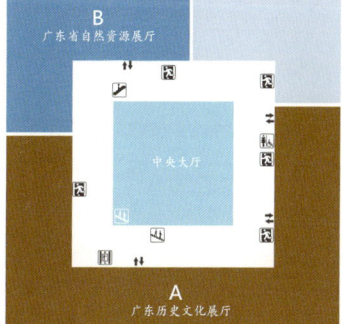

广东省博物馆简介

历史沿革

1957年，广东省博物馆开始筹建。

1959年10月1日，广东省博物馆及其所辖的广州鲁迅纪念馆正式对外开放。

1992年10月，博物馆新陈列大楼落成。

2003年，广东省委、省政府决定兴建广东省博物馆新馆。同年，确定设计方案"珍宝容器"为广东省博物馆新馆建筑设计方案。

2004年12月12日，广东省博物馆新馆奠基。

2008年5月，广东省博物馆被国家文物局评为全国首批"国家一级博物馆"。

2010年5月18日，广东省博物馆新馆建成开馆。

2024年，广东省博物馆入选中央地方共建国家级重点博物馆。

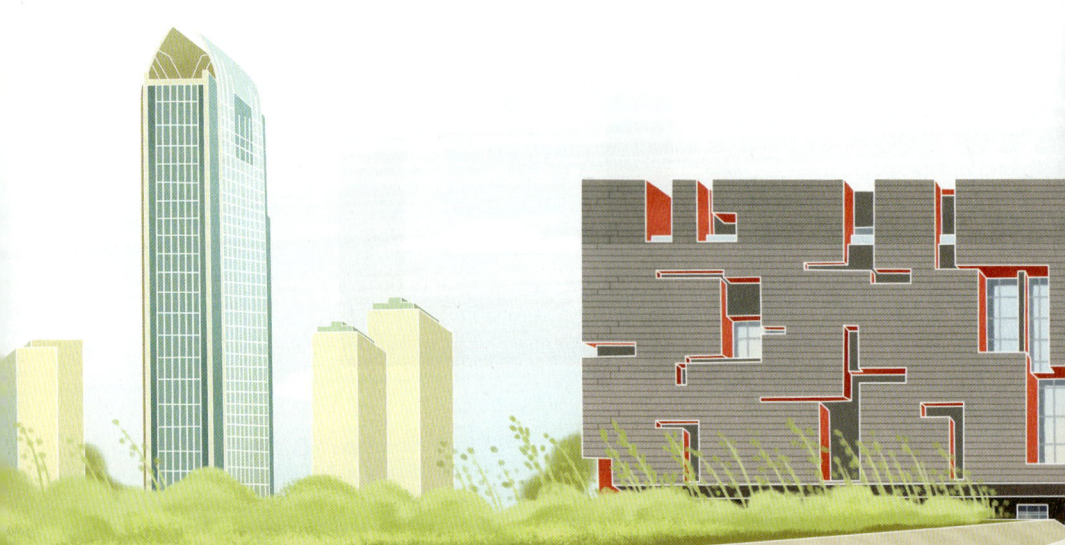

概　况

广东省博物馆是首批国家一级博物馆和大湾区重要的文化旅游地标。

现有文明路馆区和珠江新城馆区，建筑总面积7.7万平方米。文明路馆区包括广州鲁迅纪念馆、中国国民党第一次全国代表大会旧址和广东贡院明远楼。珠江新城馆区地处广州天河区珠江东路2号，广州新城市中轴线珠江新城中心区南部。

馆藏集岭南文物之大成，汇聚历史、艺术、革命、自然等诸多种类于一体，是华南地区藏品数量最多、品类最丰富、特色最鲜明的博物馆。现有藏品总数32万余件（套），包括自然标本、化石等5.3万余件（套）。其中，古代书画和陶瓷两类文物的数量和质量居于全国博物馆前列，外销艺术品、出水文物、华侨文物、潮州木雕、端砚等特色文物收藏在全国首屈一指。

博物馆（珠江新城馆区）建筑造型新颖灵动，仿佛一件雕通的宝盒。外观设计理念来源于传统漆盒，空间概念借鉴广东传统工艺品象牙球，整体创意为"绿色飘带上盛满珍宝的容器"。内部功能层层相扣，由内向外逐层展开，自然光线由顶部玻璃天窗铺撒而下，空间语境丰富，视觉体验愉悦，参观者仿佛置身时空走廊，浏览于古今之间。

主要藏品及突出特点

本馆现有珠江新城馆区和文明路馆区，珠江新城馆区有广东历史文化陈列、广东省自然资源展览、潮州木雕艺术展览、馆藏历代陶瓷展览、端砚艺术展览等常设展厅，文明路馆区包括广州鲁迅纪念馆、中国国民党第一次全国代表大会旧址和广东贡院明远楼。馆藏集岭南文物之大成，汇聚历史、艺术、革命、自然等诸多种类于一体，是华南地区藏品数量最多、品类最丰富、特色最鲜明的博物馆。其中，兽面纹青铜盉（hé）、阳春孔雀石、金漆木雕大神龛、景德镇窑青花人物图玉壶春瓶、端石千金猴王砚、广州手绘农耕商贸图外销壁纸、金项饰等为馆藏经典。

广东省自然资源展览

展览共有地质地貌、矿产、宝玉石、中草药、陆生野生动物、海洋动物、古生物等7个主题，较为全面地展示了广东省的自然资源及相关的自然科学知识。

广东历史文化陈列

展厅共展出1500多件（套）文物，通过文物、图片、油画、雕塑、模型、多媒体、复原场景等丰富的展陈手段，全方位多角度地向观众展示了广东从马坝人到中华人民共和国成立的历史文化变迁。

潮州木雕艺术展览

展览充分利用宽敞的空间，逼真地还原了传统潮汕民居的厅堂、卧室、书房等场景，生动地再现了木雕制品在潮汕民间传统社会生活中的陈设应用。

馆藏历代陶瓷展览

展览以中国陶瓷发展历程为线索，展示了从新石器时代到清代，中国陶瓷从产生、发展到兴盛的历史，较为全面地反映了中国古代陶瓷文化的面貌。

端砚艺术展览

展厅展出馆藏端砚近200方，展览从砚的源流，端砚的发展历史、材质、工艺、技法、形式、题材等方面进行了全方位的介绍，向观众展示了中国传统砚文化的深刻内涵。

中国古代书法与绘画

广东省博物馆自1957年开始筹建以来，经过几代人的经营与努力，先后通过多种方式，征集收藏了大量中国书画等文物。目前所藏绘画、书法、碑拓等合计已有万余件（套），其中大部分为宋元以来的历代绘画精品，尤其以明清时期绘画与岭南地区绘画最为丰富。

广东历史文化陈列

五岭钟其秀，河海毓其英。

广东是岭南文化的中心地、海上丝绸之路的发祥地、近代民主革命的策源地、改革开放的先行地。

广东人，开放兼容、求真务实、拼搏进取、敢为人先，谱写了融合古今、贯通中外、创新发展的精彩华章。

广东历史大事记

60万—80万年前,人类活动于云浮郁南县磨刀山。

约12.8万年前,马坝人生活于粤北地区。

秦始皇三十三年(公元前214年),秦始皇置南海郡。

汉高祖三年(公元前204年),赵佗建立南越国。

汉武帝元封元年(公元前110年),南海海上丝绸之路开通。

吴大帝黄武五年(226年),广州得名。

南朝梁武帝普通年间(520—527年),古印度高僧达摩到中国传播佛教。

唐高宗显庆六年(661年),广州设置市舶使和市舶使院。

唐玄宗开元四年(716年),张九龄开辟大庾岭新道。

南汉高祖乾亨二年(918年),刘䶮(yǎn)建立南汉国。

宋太宗至道三年(997年),广东得名。

元成宗元贞年间(1295—1297年),黄道婆传播纺织术。

明世宗嘉靖四十年(1561年),从化施行"一条鞭法",并成为定例。

明神宗万历十一年(1583年),意大利传教士利玛窦入粤传教。

清圣祖康熙二十四年(1685年),广州设立粤海关。

清高宗乾隆二十二年(1757年),广州一口通商。

清宣宗道光十九年(1839年),林则徐虎门销烟。

清宣宗道光二十年(1840年),鸦片战争爆发。

清德宗光绪十七年(1891年),康有为在广州设万木草堂,传播维新思想。

清宣统三年(1911年),孙中山发动黄花岗起义。

1924年,中国国民党"一大"在广州召开,标志着国共合作革命统一战线的形成。

1926年,北伐从广州开始。

1941年,广东人民抗日游击队开展文化名人大营救。

1950年,广东全省解放。

1980年起,深圳、珠海和汕头经济特区相继成立,广东成为改革开放的先行地。

第一篇

南粤源流

岭南，古亦称岭表、岭外，主要包括今南岭山脉以南的广东、广西东部、海南、香港和澳门等地区。

60万—80万年前，广东北部已有人类活动。在与自然的斗争中，岭南先民走过石器时代、青铜时代，创造了璀璨的地域文化。

千百年来，岭南文化与中原文化不断碰撞交融，逐渐形成了汉族的广府、潮汕、客家三大主要民系。

远古遗踪

马坝人、封开人、河宕人……

磨刀山遗址、牛栏洞遗址、陈桥村遗址、石峡遗址、西樵山遗址……

浮滨遗址、屋背岭遗址、横岭山遗址……

生活于岭南腹地的先民留下的印记，诉说着广东历史的久远与神秘。

小知识："马坝人"遗址

20世纪50年代，广东韶关曲江马坝狮子岩洞发现了人类头骨及19种动物种属化石，此地被命名为"马坝人"遗址。地质时代属更新世晚期，距今约12.8万年。1958年，在此地发现的人类头骨就是闻名中外的"马坝人"头盖骨。

马坝人是岭南发现的最早人类之一，作为华南地区当时发现的唯一早期智人，填补了华南人类进化系统上的空白。

玉琮

新石器时代晚期
边长6.6~7cm 高13.8cm 孔径4.8~5.2cm
广东韶关马坝镇石峡遗址出土

这件玉琮（cóng）由灰色砂岩制成，内圆外方，四边平直，呈直角。上大下小，分五节，每节之间有明显的凹槽。每节刻四组简化人面纹。两条凸弦纹表示额部，下端一条短凸弦纹为嘴部，额嘴之间有单线圆眼圈纹，粗弦纹上刻有细弦纹，内圆孔用两头管钻，孔内留有残断石蕊。

尽管在形制上此玉琮与良渚文化晚期的玉琮没什么差别，但所用材料为本地的砂岩，工艺较为粗糙。

玉琮是古代祭祀用的六大礼器之一（六大礼器即玉璧、玉琮、玉圭、玉璋、玉琥、玉璜）。《周礼》记载："以苍璧礼天，以黄琮礼地。"

南北礼祭心相通

小知识：石峡遗址

石峡遗址发现于1972年，因坐落于曲江区狮子岩两座石山之间的峡地中，被命名为石峡遗址，年代自五六千年前的新石器时代晚期至春秋早期，面积约3万平方米。

1973—1985年对遗址进行了4次发掘，揭露面积约4000平方米。共清理墓葬132座，出土各类随葬品2565件，发现了大量的灰坑、柱洞、窑址、灶坑、红烧土和房址等遗存。

石峡遗址的发现，为研究广东新石器时代晚期至青铜时代的文化，以及与中原文化的交流和人群迁徙提供了重要的实物资料，对了解岭南地区的文明化进程至关重要。2001年，国务院将石峡遗址设为全国重点文物保护单位。2001年，石峡遗址被评为20世纪中国百项考古大发现之一。

民族融合

岭南圣母率一方

西周以来，岭北南迁人口日益增多，他们带来了先进的文化与技术。在南越武王赵佗、俚（lǐ）人首领冼夫人等的推动下，岭南诸越不断吸收中原文化，南北民族逐渐融合。

冼夫人塑像

冼夫人是高凉俚族冼氏之女，中国古代著名的女政治家、军事家和社会活动家，因"多筹略"，善于行军打仗、抚慰部众而成为俚族大首领。她嫁给汉人高凉太守冯宝，历经梁、陈、隋三朝，驰骋岭表六十多年，一生致力于国家统一和民族团结，促进岭南经济发展，被隋文帝封为谯国夫人，官阶一品，历代朝廷也对她进行了多次追封，高凉及附近数郡俚汉各族皆拥戴其为"冼夫人"。冼夫人于隋仁寿二年（602年）去世，《隋书》载其"号为圣母，保境安民"。

小知识

和辑百越

汉高祖三年（前204年），南海郡尉赵佗出兵桂林郡、象郡，兼并了包括今广西和越南北部在内的广大地区，自立为南越武王，建立南越国，定都番禺。赵佗在位六十多年间，文治武功，卓有建树，为岭南政治、经济、文化的发展及汉越民族融合作出了巨大贡献。

南迁移民

　　自秦汉起，经南朝、隋、唐，至两宋末年，中原人一次又一次大举南迁，岭南从越汉杂处，走向越汉融合。

梅关

　　梅关，位于今韶关南雄大庾岭，始设于秦，称"横浦"，宋代称"梅关"。梅关被两峰夹峙，虎踞梅岭，如同一道城门将广东、江西隔开，早在秦汉时期已是沟通岭南与中原的重要通道，也是历代兵家必争之地。唐开元四年（716年），宰相张九龄主持重凿大庾岭路，对岭南乃至整个中国的经济文化交流起到了巨大作用。

龙驮双夔饮南风

兽面纹青铜盉

西周
通高26.6cm　口径14.2cm
广东茂名信宜出土

  这件青铜盉（hé）造型新颖，做工精细，器形似鬲（lì），盉嘴呈曲体龙形，龙头双耳向后挺立；它的鋬（pàn）耳由两个镂空的夔（kuí）龙相合而成，两龙之间以小圆柱相连，上部的小圆柱刚好被盉身铸的一条小龙咬住；颈部有一周夔纹，肩饰雷纹，下有饕餮（tāo tiè）纹三袋足。
  自先秦起，岭北文化传入并影响着岭南地区，诸多具有多元文化特征的器物出土于广东墓葬中。
  此青铜盉是广东地区首次发现的西周青铜盉，其形制和纹饰有中原周文化特征，是研究岭南地区秦汉以前的历史和文化难得的重要实物资料。

陶屋随葬心安居

陶屋

汉代
长30cm　宽29cm　高28.5cm
广东广州出土

　　陶屋，是反映古代人民居住情况的建筑明器。

　　汉代时儒家的孝道观念深入人心，因此以厚葬为德，薄殓为鄙，且事死如事生，人去世后会在墓葬中随葬墓主人生前使用过的器物或明器。

　　这时，中原文化大量渗透于越族生活各个层面，影响着岭南地区人们的衣、食、住、行，使他们的生活习惯、随葬风俗等发生了变化。"耕者有其田，居者有其屋""安居乐业"的思想深入人心，建一所舒适的房子，成为人们劳作的目标之一。

张拯陶砚

唐代
长20.5cm　宽18.2cm　高5cm
广东韶关罗源洞张九龄墓出土

箕形砚，此砚平面似"凤"字形，有二足，砚底刻"拯"字，应是张九龄之子张拯之砚。

张九龄，唐朝开元时期的宰相之一，是岭南的第一位宰相，又是一位才思敏捷的文学家，他的名句"海上生明月，天涯共此时"流传至今。他才学超群，政绩卓著，颇受玄宗赞赏。

岭南宰相第一人

砚底"拯"字

铁花盆

南汉
高29.7cm　口径30.8cm

这件铁花盆器身厚重，口作花瓣形，下有三短足。器身两侧铸有隶书铭文"供养芳华苑永用""大有四年冬十一月甲申塑造"。"大有"为南汉高祖皇帝刘龑（yǎn）的年号；"芳华苑"位于广州城西，是南汉帝王与宫人宴游的地方。

随着岭北移民南迁，冶铁技术传入岭南，至唐代，广东已有多地产铁。南汉时期，广东冶铁业不断发展。五代十国时期，南汉国建都广州，岭南地区一年四季花木繁盛，铁花盆是广州作为岭南都会和南国花都的"铁"证。

为驻芳华铁作盆

广东历史文化陈列

三大民系

从秦汉时期"汉越杂处"开始,历经多次移民高潮,广东境内逐渐形成了以不同方言和地域为主要特征的广府、潮汕、客家三大汉族主体民系,创造了千姿百态的民俗文化。

> **小知识:民系**
> 民系,是指"民族"中的一个分支,是同一民族中由于时代和文化的变迁逐渐分化而形成的微有不同的亚文化群体。因此,又称为"次民族""亚民族"。分支内具有共同或同类的语言、文化、风俗,相互之间认同。也有人引申了"民系"的概念,用来指同属于同一地区有相互认同的人,但不一定满足内部语言、文化、风俗相同的要求。
> 最初提出"民系"这一概念的是广东学者罗香林。1933年,他在《民族与民族的研究》一文首次提出了"民系"的概念,他使用民系这个词主要是为了研究客家人。

广府人

广府人,以珠江三角洲为聚居中心,使用广州方言。依托肥沃的土地和便利的交通,广府人亦农亦商,务实开放,拼搏进取,造就了"生猛鲜活"的广府文化。

陶鸭／陶公鸡／陶羊

汉代
陶鸭，长14.5cm　宽8.5cm　高8cm
陶公鸡，长17cm　宽7cm　高15cm
陶羊，长17cm　宽10cm　高13cm
广东佛山大松岗出土

禽畜兴旺家业大

陶鸭

陶公鸡

陶羊

　　这些陶制动物是随葬品。秦汉时期，人们讲究"事死如事生"，随葬明器都是按墓主人生前所用之物配备的缩小版本。这些并不算精美的陶制家畜生动地再现了当时的社会生活，可见家畜是当时广府人稳定的肉食来源。

广东历史文化陈列　019

水田农事自循环

陶水田附船模型

汉代

船，长21.5cm　宽7.5cm　通高5.5cm

水田，长39cm　宽29cm　通高9cm

广东佛山澜石出土

　　水田与船一同出土，出土时船在水田的右前方不远处。

　　田面被田埂分为六方，每方均有人在劳作，有的扶犁耕田、有的躬身收割、有的坐埂磨镰、有的插秧、有的脱粒，一派农忙景象。

　　陶水田附船模型全面展示了汉代岭南耕作情形：水田周围河网密布，小船是主要的运输工具；插秧与收割同时进行，表明此时珠江三角洲的水稻已经一年两熟，反映了广东汉代农耕技术的发展进步。

小知识

食在广州

"民以食为天，食以味为先。"广州菜用料广博，制作考究，味重清、鲜、爽、滑、嫩，注重养生，造型美观，寓意吉祥。

"天下之食货，粤东几近有之，而粤东之食货，天下未必尽有也。"广府人食不厌精，脍不厌细，唐朝时广府的饮食文化已是天下闻名，有"南烹""南食"之称，清末民初赢得"食在广州"的美誉。

广东地处我国南部沿海，气候温和，雨量充沛；同时，广州又是历史悠久的通商口岸，因此吸取了外来的各种烹饪原料和烹饪技艺，使粤菜日渐完善。岭南地区远古遗址中发掘了象骨、梅花鹿骨、獐骨、马来鳄骨、鳖骨、猪牙等，可见，远古时期的广东先民食物来源已十分丰富。

新石器时代的象骨、梅花鹿骨、獐骨、马来鳄骨、鳖骨、猪牙等遗存

喜宴

　　广府喜宴独具特色。宴席上的每一道菜都有吉祥的寓意——肥胖的冬瓜代表富贵，烧得通红的乳猪意味着金猪有福，三色龙虾很像古时候官员头上戴的官帽，百年好合糖水意味着爱情如糖似蜜、百年好合、连生贵子。整个婚宴场景配有喜幛和满洲窗等装饰，充满了喜庆气氛。

茶楼

　　广府饮食文化中的喝茶文化同样引人注目。茶楼起源于清代，前身为咸丰、同治年间的"二厘馆"和茶居。每到周末或假日，广府人就会约上三五知己，齐聚茶楼"叹早茶"（叹在广东话中就是享受之意）。

　　广州人饮茶并没有什么礼仪上的讲究，唯独在主人给客人斟茶时，客人要弯曲食指和中指，轻叩桌面，以示感谢。相传乾隆皇帝曾到江南微服私访，有一次在茶楼里，兴之所至，就给他的仆从倒起了茶。如果在皇宫里，仆从是要跪着才能接这杯茶。但为了不暴露皇上的身份，仆从灵机一动，将食指和中指弯曲，轻叩桌面，代表双膝下跪，于是流传下来，就成为广府人的一种饮茶文化。这种风俗至今在岭南及东南亚的华侨中依然十分流行。

粉彩描金赛龙舟图大盘

清代
高5.2cm　口径28.6cm

龙凤竞渡彩舟扬

　　此盘通体以粉彩描绘纹饰。边沿饰如意云纹，盘心绘赛龙舟图，碧波荡漾的湖面上，一艘龙舟和一艘凤舟在比赛。舟上的孩童奋力划船，岸上的孩童为他们呐喊助威，热闹非凡。盘外壁绘花卉八宝纹。器底署红彩楷书"慎德堂制"四字双行款。

　　"慎德堂"是道光皇帝在圆明园内的行宫，署"慎德堂制"款的瓷器是道光皇帝的御用品。此盘胎质洁白细腻、描绘的场景生动有趣，极富生活气息。从盘上所绘的赛龙舟和凤舟图看，应是供道光皇帝在端午节使用的应景物品。

广东历史文化陈列　023

小知识：龙舟

赛龙舟相传最早是古越族人祭水神或龙神的一种祭祀活动，古时盛行于吴、越、楚，已流传2000多年，多在喜庆节日举行，也是端午节的一项重要活动。

广府地区端午赛龙舟历史悠久，南宋时期已有大型龙舟竞渡，明清时期尤为盛行。锣鼓震天、百舸争流的"赛龙夺锦"竞赛，既是重要的民间习俗，也是传统的体育运动，体现出团结协作、拼搏进取的精神。

另外，在广府民间还流传着"龙舟标旗"的故事，体现了广府人的契约精神。据传，几百年前，南海盐步老龙和广州泮塘龙舟在一次竞渡中齐头并进。快到终点时，泮塘队有人跳下水夺标，成为冠军。观赛的泮塘乡亲认为违规夺标不光彩，遂将奖品金猪捧还盐步。几番谦让后，双方结契，盐步老龙因历史悠久成为"契爷"，泮塘龙舟则为"契仔"。此后每年探访时互赠标旗，相沿至今。

潮汕人

潮汕人主要生活在粤东平原地区，使用潮汕方言。他们尊宗敬祖、崇文重教、精明善贾、精致细腻，民俗文化别具特色。

潮汕人的日常生活中，精打细算、灵巧细致的特点无处不在。

小知识

工夫茶

潮汕"工夫茶"一枝独秀于中国茶艺之林，它以用具精细、冲饮讲究、茶味醇香而远近闻名，以"和、爱、精、洁、思"的文化内涵深入潮汕人的日常生活中。不管是红白喜事、宴客答谢、纠纷调解还是商业活动，都离不开"工夫茶"。

广府人和潮汕人的喝茶之意不一样。潮汕人喝茶主要是为了品茶谈天；广府人喝茶之意不在于茶，而在于以喝茶为名的进食以及伴随着喝茶的各种休闲、商业、交际活动，所以称为"茶市"。

民间工艺

潮汕民间工艺具有浓郁的乡土韵味，其精巧繁复的特点在雕刻、陶瓷、潮绣等作品中表现得淋漓尽致。

潮州木雕是中国著名的传统木雕流派之一，以精巧细腻、玲珑剔透、金碧辉煌而著称，为"中国四大名雕"之一。

潮州瓷器，品种众多，唐宋时期已驰名海内外，并不断推陈出新，从日常生活用具到人物造型、通花瓷塑，尽显精巧纤丽的魅力。

潮绣是中国四大名绣"粤绣"的主要流派，始于唐宋，盛于明清，被誉为"刺绣珍品"，特点是金碧浓艳，立体感强，花样繁多。

精巧纤丽青花莲

潮州窑青花缠枝花卉纹盖罐

明代

高35cm　口径10.5cm　底径12.3cm

  此罐为明代的潮州窑出品，直口、丰肩、弧腹、平底，罐身及盖用青花绘画缠枝花卉纹饰，盖钮为莲叶尖顶形。

  潮州窑在今天的广东潮安，唐宋时期属潮州管辖，因此称"潮州窑"。

  潮州陶瓷历史悠久，据考古发掘，潮州的陶器手工业可追溯到距今4000多年前。唐代时潮州窑已从制陶发展为制瓷，到了宋代已经能大量生产青白瓷并销往海外；明清两代，青花瓷成为海禁的主要商品；至近代，潮州的陶瓷产区分布广、品类多。

  潮州窑主要烧制青白瓷、青瓷、黑釉瓷和赫黄釉瓷。自唐宋以来，潮州瓷器大量销往海内外，是海上丝绸之路的重要商品之一，也印证了潮州是海上丝绸之路的贸易重地。

小知识：人生礼俗

　　潮汕民间重视人生礼俗。一个人从出生、成年至老去，通常要经历催生、开腥、满月、四月、周岁、入学、成人（出花园）、结婚、祝寿、丧葬等礼俗，尤其是成人礼和祝寿礼，别致而隆重。

　　催生礼。孕妇临产月的月初，娘家送来鸡蛋（催生蛋），以求生产顺利。

　　周岁礼。小儿第一次生日，称"头生日"，吃红鸡蛋、甜面条、猪肉炖粉丝。桌上放文房四宝、刀、弓、胭、粉、针、线、金银财宝等玩具，由小儿自选，由此判断小儿长大后的性情志向。

　　入学礼。小儿入学第一天，父母备猪肝炒芹菜、煮鲮鱼、红鸡蛋、豆干炒葱、明糖，带着小孩拜祭孔子，然后让小孩吃这几道菜。"肝"与"官"、"芹"与"勤"、"葱"与"聪"、"鲮"与"龙"，在潮语里发音相同，明糖表示聪明。

　　成人礼——"出花园"。孩子15岁时，父母为其"出花园"。据载，"生子虑难养者，辄请禄神到家供养，俟此子十六（俗多十五岁）请道士以纸为园，设列盆花，令此子坐其中，道士扮花公花母为其宣诵，即毕，遣出，焚园，谓之出花园，乃罢禄神之祀"。

　　寿礼——庆寿。寿是"五福"之首，尤其是六十大寿（一个甲子），意义更为重大。生日当天，儿子媳妇准备三牲或五牲、鸡蛋、豆粉丝、寿桃、糖到乡里神庙敬奉神爷公；在家接待亲朋好友准备酒席。寿者接受儿孙跪拜请安、朋友致礼。礼毕侍茶赴宴。拜寿以后，大家一边喝着工夫茶，一边谈笑拉家常，其乐融融。

小知识：潮汕人兴学

　　潮州重视教育的传统早已有之，各县多建学宫、书院作为文化教育中心。唐代时，在著名政治家、教育家韩愈倡导下，潮汕人兴学勤读蔚然成风，宋时就已赢得"海滨邹鲁"美誉。追求儒雅、崇文重教成为潮汕人的传统。

　　韩愈，字退之，号昌黎，是唐代文学家、哲学家、思想家。尽管他在潮州为官不到八个月，但他把中原的教育和文化带到潮州。千百年来，潮州人把韩愈尊为"吾潮导师"。"昌黎旧治"坊，明嘉靖十七年（1538年）始建于潮州太平路东府巷口（今昌黎路），后拆毁，1986年复建。牌坊另一面书"岭南名邦"。所谓"昌黎旧治"指的是韩昌黎曾"守此土，治此民"。"昌黎旧治"坊正是为缅怀先哲，褒扬名邦而建。如今对韩愈的推崇也侧面反映出潮汕人兴学重教的历史传承。

通雕"七贤进京"图神龛门中窗肚

清代
长74cm　宽37cm　厚5cm

　　这是清乾隆时期的一件潮州木雕窗肚，讲述的是潮州七位乡贤科举登第、进京为官的故事。木雕中雕刻了十多个表情、动作各异的人物，是现实主义题材的一件艺术作品。用此题材作为窗肚，寄寓了人们对未来的美好希冀。

七贤进京传佳话

腾空一跃过为龙

通雕鲤鱼跳龙门图窗花

清代

长70cm　宽39cm　厚4cm

　　潮州木雕题材多寓意吉祥。
　　黄河鲤鱼跳过龙门是中国古代流传广泛的一个传说。宋代古籍《埤（pí）雅·释鱼》写道："俗说鱼跃龙门，过而为龙，唯鲤或然。"后世以此比喻中举、升官等飞黄腾达之事，也比喻逆流前进、奋发向上。

客家人

客家人，千百年来，迫于天灾人祸，由中原迁徙而来，主要聚居于粤东北地区，使用客家方言。千百年来，客家人不断迁徙。他们不忘中原故土，把历史的烙印和心中的情感倾注在自己的名字上。

从迁徙路线看，历史上客家大规模迁移总共有五次：最早是从东晋时期开始的，大批中原人南迁到长江流域；第二次是唐末的黄巢起义，使得客家先民继续南下，到达闽粤赣三省交界地区，成为第一批客家先民；第三次迁徙在金人南下入主中原，宋高宗南渡时，大量的移民来到这里，与原先的畲（shē）族先民交流融合，最终形成客家民系；第四次是明末清初，客家人内部人口激增，由于资源有限，大批闽粤客家人从客家大本营向外迁徙，最远内迁至川、桂等地；最后一次是受广东械斗事件和太平天国运动的影响，部分客家人迁移到广东西部和海南岛等地。总的迁移模式和路线是从北到南、自东到西，从平原到丘陵、山区，沿着河流到核心地区，由国内走向国外，从而散居世界各地。

小知识

耕耘人家

闽粤赣三省交界的地区，是客家人聚居地，"八山一水一分田"，是客家人以农耕为主的生存环境的写照。开荒山，辟梯田，他们用简单的劳动工具，辛勤耕耘，营建家园，繁衍生息。

檐下学堂

客家人秉承了尊师重教、诗礼传家的传统。檐下苦读是他们走出贫困的通途，客家地区因此英才辈出。

在客家人的檐下学堂，可以听到学童用客家话朗读三字经，唱童谣。与其他民系不同，客家人通常在祠堂里教育下一代子弟，祠堂既是供奉先人的地方，也是供奉夫子的地方。

广东历史文化陈列

干鲜水果聚五方

陶五联罐

汉代

长22cm　宽22cm

广东韶关乐昌出土

　　五联罐由四个大罐和中心一个小罐组成，各罐以泥梁相连，内部不相通。联体罐流行于西汉前期，是岭南地区越文化的典型器物，据专家学者推断，这是用来盛放果品、调料之类的容器，有双联、三联、四联和五联数种形式。联体罐延续至西汉后期，东汉时期消失不见。

　　汉代，人们已经食用荔枝、龙眼、青梅、枇杷、杨梅、木瓜、橄榄、槟榔、梨、橘、橙等瓜果，联体罐应运而生。除联体罐外，还有联体盒，不过数量较少。此外，两广地区还出土过器内分割成若干格道的格盒、格盘，用途与联体罐、联体盒相近。

> **小知识：羊城**
>
> 　　广州又称"羊城"和"穗城"。这些名字源于一个神话。传说古时候广州地区连年灾荒，民不聊生。西周时期五位仙人手持谷穗，骑着五色仙羊降临广州，他们把优良的稻穗赠给了广州人，许诺此地将"永无饥荒"。之后就腾空而去，只留下五只仙羊化为石羊留在广州越秀山上。从此，广州年年丰收，成为岭南最富庶的地方。

微醺大醉皆日常

褐彩人物梅瓶

宋代

高31cm　口径6.7cm

广东佛山澜石出土

　　这件梅瓶通体用褐彩勾绘，肩绘缠枝莲纹，腹上下各绘一周花带，中部四开光，内分别绘戴巾着袍袒胸的酒徒欲饮、稍醉、大醉、昏睡的四种形象。开光外以海水纹衬托，胫部绘缠枝五瓣桃花纹一周。

　　民间工匠用简练的笔法惟妙惟肖地描绘了一个人从浅尝、微醺、大醉到昏睡的四种状态。

　　梅瓶是传统名瓷，是一种小口、短颈、丰肩、瘦底、圈足的瓶式，以口小只能插梅枝而得名。因瓶体修长，宋时称为"经瓶"，作盛酒用器，造型挺秀、俏丽，明朝以后称为梅瓶。

小知识：开光

　　开光装饰是陶瓷装饰中的独特方法之一，由古代某种建筑物上窗户的形式演变而来，因此也叫"开窗"。它指的是在陶瓷器物表面留出一块有形状的空白，在空白里另外画出与周围纹饰截然不同的纹饰，就好像从"窗口"看到另一种纹饰，具有鲜明的形式特点和深厚的美学意蕴。

衙差俑　　　　衙差俑　　　　衙差俑　　　　衙差俑

衙差俑　　　　仪仗俑　　　　衙差俑　　　　衙差俑

陶坐衙模型（部分）

清代
高约20cm
广东梅州大埔吴六奇墓出土

　　这套陶坐衙模型为出土于吴六奇墓的文物，共100余件，真实地反映了墓主人生前坐衙、出巡和内廷场景，具有粤东北浓郁的客家地方民俗色彩。

　　清初有一位充满传奇色彩的客家人物吴六奇，他幼读诗书，但后来因赌博，家道中落。明末行乞于吴越之间，后来他投靠过南明桂王朱由榔，清兵攻克潮州时投降于平南王，全力参与绥靖反清复明的抵抗势力，并以功升为广东水陆师提督。

坐衙静听疾苦声

第二篇
扬帆世界

广东地处南海之滨,海岸线绵长曲折,峡湾良港众多。凭借便利的水陆交通、先进的造船技术、丰饶的物产资源和发达的手工业,广东自汉代以来就是中外海上贸易的枢纽、东西文明交汇的中心、中国走向世界的门户。

海不扬波

汉代的徐闻港、合浦港,唐代的扶胥港,明清的黄埔港,见证了广东两千多年海上贸易的辉煌历史;汉代的楼船、唐宋的木兰舟、明清的广船,承载着广东人走向东南亚、非洲、欧美等地,谱写了广东成为世界海洋贸易圈东方中心的传奇。

> **小知识:"南海Ⅰ号"(古沉船)**
>
> 唐宋时期,朝廷倡导"江海求利,以资国用"。当时,中国的丝绸、茶叶和陶瓷制品是三大对外贸易的主要商品,陶瓷制品更为海外市场青睐,广东成为中国最重要的外销瓷生产及出口基地。中国陶瓷产品源源不断地经海路销往亚非欧各地,"海上丝绸之路"又被誉为"海上陶瓷之路"。
>
> 1987年考古工作者在广东阳江海域发现的南宋沉船,是目前为止发现的最大的宋代船只。经过20年水下考古,2007年"南海Ⅰ号"实现世界首创的整体打捞并正式"入住"广东海上丝绸之路博物馆,标志着中国水下考古水平跻身世界先进行列。
>
> 广东海上丝绸之路博物馆又叫"水晶宫",2009年正式对外开放,是中国首个水下考古专题博物馆。
>
> "南海Ⅰ号"打捞出水的瓷器来自全国各地名窑,如浙江龙泉窑、福建德化窑等,它们都是经广州运往世界各地的,是中国对外贸易的重要见证。

海外贸易的发展、航线的不断扩展与广东造船业的进步和航海技术的提高是密不可分的。早在秦汉时期船已经发展到成熟的木帆船阶段，在船体上建有重楼、帆、舵、锚等设备。唐宋时期，广东是全国船舶制造的重要基地，钉接榫（sǔn）合法和水密隔舱、指南针都是这一时期居世界前列的先进技术。明清"广船"之名大起，在船舶种类、质量、性能、航海技术等方面有了新的进展。

明清广船模型

哥德堡号是大航海时代瑞典著名远洋商船，曾三次远航中国广州。1745年1月11日，"哥德堡Ⅰ号"从广州启程回国，船上装载着大约700吨的中国商品，包括茶叶、瓷器、丝绸和藤器。行驶8个月后，因船头触礁沉至海底。1984年，瑞典一次民间考古活动发现了沉睡海底的"哥德堡Ⅰ号"残骸。1986年开始，考古发掘工作全面展开。发掘工作持续了近10年，打捞上来400多件完整的瓷器和9吨重的瓷器碎片，更加让人们吃惊的是，打捞上来的部分茶叶色味尚存。

瑞典歌德堡号船模

陶船

东汉
长54cm　高20cm
广东肇庆德庆高良官村出土

　　陶船质地为泥质灰陶，表面呈橙红色，无釉。首尾翘起，底平。分前、中、后三部分，前为头舱、中为楼舱，后为舵楼。楼舱盖呈殿顶，两侧有对称窗户，与船尾舵楼相通；两侧墙壁用弦纹分为五格，可能表示梁柱结构，楼壁与两边船舷相接处有三个小孔；头舱与舵楼下各有一块活动的底板，头舱站立一俑，舵楼有二俑，都做弯腰弓背两手向前状。这件陶船整体结构复杂，反映了汉代先进的造船和航海技术。

　　汉代人讲究"事死如事生"，生前有什么，死后也都让它们陪伴在身边。南方地区水上交通发达，因此，船的模型也成为随葬品，所谓"南船北车"，在随葬的明器上也显示了地域差异。

船只往来两千年

海贸基地

海上丝绸之路形成于汉代。唐宋时期，朝廷倡导"江海求利，以资国用"，积极发展海上交通贸易，广东成为中国海外贸易最重要的起点。全国各地的丝绸、陶瓷、茶叶等商品齐聚广东，远销海外。自此，广东逐渐发展成中国历史上重要的海贸基地。

> **小知识：广东三大窑系**
>
> 广东三大窑系包括西村窑、潮州窑和雷州窑。三大窑系出口量很大，主要销往东南亚及西亚地区。其中，西村窑位于今天广州西村，以烧制日常生活用具为主；潮州窑在广东潮安，主要烧制青白瓷、青瓷等；雷州窑位于雷州半岛，是雷州地区唐至清代窑址群的总称，所制瓷器以釉下褐彩纹饰为主，器型敦厚古朴。

他乡细看翠色滴

水车窑青釉双耳壶

唐代
高28cm　口径11cm　底径13cm
广东梅州梅县区畲口公社新化大队M9采集

此壶敞口，矮颈丰肩，高身平底，肩部装多棱短流和双扁耳，满施青绿色釉，晶莹透亮，有细小开片。

水车窑，又称梅县窑，是晚唐时期广东著名的外销瓷窑之一。早在20世纪80年代初，广东省博物馆考古队就在水车镇灯塔村瓦坑口发掘出多个唐代的青瓷窑址，并命名为"唐代梅县水车窑"。

该窑所烧青釉瓷器釉面莹亮，玻璃质感强，开细小纹片。这些瓷器是中原文化和梅州本土文化的结合，在日本、泰国、马来西亚和印度尼西亚等一些亚洲国家均有出土。

皇家亦爱青青色

青釉四系盖罐

南汉

通高24.5cm　口径7.5cm　底径8.8cm

广东广州黄埔区石马村昭陵出土

这件青釉罐是南汉皇帝刘晟生前御用瓷器。肩有四耳，每耳有三条弦纹，腹中部亦有三至四道不明显的弦纹，盖有螺纽，釉色晶莹，造型秀巧。此类器物在一些东南亚国家也有发现。

> **小知识：昭陵**
>
> 　　石马村墓位于广州市东圃石马村，1954年被发掘。据考证，该墓为南汉的第三位皇帝刘晟的昭陵。
>
> 　　南汉（917—971年），是五代十国之一，据有今广东和广西，历四帝，享国55年。

桃花洞里开青莲

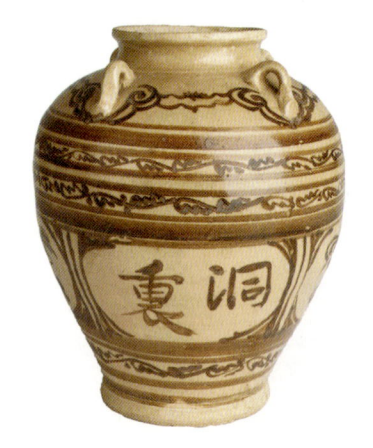

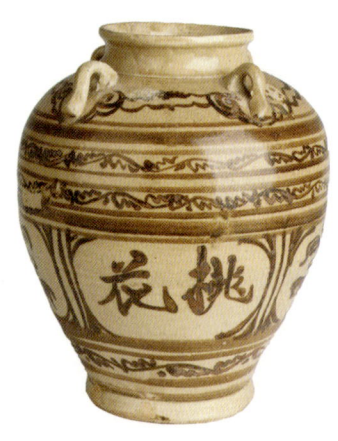

釉下褐彩"洞里桃花"铭四耳罐

南宋
高22.2cm　口径9cm
广东湛江海康（今雷州市）出土

　　此罐出自湛江雷州窑，敞口，短束颈，鼓腹，圆饼形，厚饼底。肩上塑四半环形耳，釉下用褐彩绘画花纹，其中肩部四耳之间画云头纹。上腹部画两周卷草纹，腹部四个弧形开光，开光内相间画折枝菊和写"洞里""桃花"四字，下腹部画一周卷草纹和二周弦纹。

铜钱与礁石粘结块

宋代
南海海域西沙群岛出水

　　这块铜钱与礁石粘结块是我国南海的西沙群岛出水的，经过千年的浸泡，层层叠叠的铜钱已经与礁石紧密地结为一体，彰显了当年对外贸易的盛景，从一个侧面反映出中国古代途经西沙海域商船众多及海上贸易繁荣。

铜钱易货漂洋过

小知识：中外货币

　　汉代以来，随着海外贸易的繁荣，中国铜钱大量输出，成为东南亚各国的主要流通货币；输入中国的外币多为金银等贵金属，有"交、广之域，全以金银为货"之说。

　　西沙群岛考古发端于20世纪70年代中期，多年来，这里出水（出土）文物以陶瓷器、铜钱为大宗。铜钱在西沙许多考古遗址中均有发现，特别是在北礁水下考古过程中打捞出水大批铜钱，考古工作者两次考古调查共采集到历代钱币400多公斤，可辨认文字的铜钱8.2万多枚，共80余种钱币。其中有一批明朝铜钱完全未经使用，这说明这批钱币既是当地居民使用的货币，又外输作为周围一些国家的流通货币。

广东历史文化陈列　041

景德镇窑青花封侯爵禄图"富贵佳器"款盘

明代
高4cm　口径19cm　底径12cm
"南澳Ⅰ号"沉船出水

　　这件瓷盘为明代古沉船"南澳Ⅰ号"出水文物。盘心绘松石及动物图案，内含蜜蜂、猴子、喜鹊、鹿等动物，寓意"封侯爵禄"。底款为青花方框"富贵佳器"文字款。

　　唐宋时期，陶瓷制品深受海外市场青睐，广东成为中国最重要的外销瓷生产及出口基地。中国陶瓷制品源源不断地经海路销往亚非欧各地，"海上丝绸之路"又被誉为"海上陶瓷之路"。

富贵佳器终出水

小知识：南澳Ⅰ号

　　"南澳Ⅰ号"是2007年汕头南澳渔民工作时发现的，是一艘明代万历年间的沉船，是南海海域继"南海Ⅰ号"之后，发现的又一艘保存较完好，满载珍贵瓷器的古代沉船。船上共有25个舱位，装载1.1万余件文物，其中1万件左右是瓷器。"南澳Ⅰ号"是迄今为止发现的明代沉船里舱位最多的，也是中国发现的第一艘满载"汕头器"的船。

　　2010年，"南澳Ⅰ号"明代沉船遗址被评为全国十大考古新发现之一，这是水下考古项目首次入选全国十大考古新发现，为广东海上丝绸之路增添了更多实物见证和入选文化标志。

青花广州风景洋人图大盘

清代

高7cm　口径47～52cm

　　这件大盘六方形沿，浅腹弧壁，折腰平底。外壁施白釉无纹，内壁绘青花变形如意头开光，其内施鳞状和菱格间隔青花折枝花卉纹，青花发色淡雅灰暗。盘心的画面是两个洋人在广州风景中行走，船只往来，呈现出一派繁华景象。

往来穿梭繁华景

窑口林立样多变

石湾窑绿釉方形烛台

清代

高41cm　上盘9cm　下盘13.5cm　底径12.5cm

　　这两件烛台为圆口附一耳、弧腹、平底，通体施釉，有开片纹。

> **小知识：石湾窑**
>
> 　　佛山石湾窑，创烧于唐代，兴盛于明清，以仿宋代五大名窑闻名遐迩，世称"广窑"。明清以来以生产生活用器为大宗产品，造型丰富，有瓶、炉、烛台、罐、灯盏等。其产品胎体厚重，釉色以窑变釉、雨淋墙为代表，其鲜活灵动的石湾公仔受到海外市场欢迎。该窑产品在东南亚等地都有发现。

荆溪宜兴古今同

宜兴窑加彩折枝菊纹紫砂壶

清代
长24cm　口长9cm　口宽7.5cm　底长11.5cm　底宽10cm　高17cm

　　此壶呈六角形，圆纽伞形盖，方形三弯流。通体紫色砂泥烧制，壶盖及壶身采用宜兴加彩工艺——饰蓝、绿彩描绘的卷草纹和折枝菊花纹。壶底刻有篆书"荆溪钱大□制"（"荆溪"为古时宜兴）六字三行款。

　　紫砂壶，质地古朴淳厚，不媚不俗，与文人气质十分相似，文人深爱笃好，以坯作纸，或撰壶铭，或书款识，或刻以花卉、印章，托物寓意，赋予巧思。宜兴加彩工艺是在泥绘装饰的基础上吸取粉彩工艺发展而来的一种装饰艺术，清乾隆时期开始较为盛行。

小知识：外销茶

　　17世纪，欧洲经历了一场"饮料革命"，咖啡、可可、中国茶成为风靡上流社会的奢侈消费品。1610年，荷兰商人首次向欧洲运销中国茶叶。18世纪初叶，茶叶逐渐取代了丝绸的地位，成为中西贸易的主要货品之一。

　　当时从中国大量销往欧洲的茶叶有两条路线，一条是俄罗斯商人经营的"商队茶"，经恰克图等陆路口岸出口，横越亚欧大陆，行销欧洲；另一条也是最主要的一条就是从广州出口经海路运往欧洲。

　　茶叶在国外的畅销带动了茶具出口，如茶壶等便随着茶叶一起销往世界各地，其中紫砂壶很受外国人青睐，日本人以紫砂为珍品，甚至派专人到中国来学习造壶技术。

黑缎广绣凤纹女衫

民国
身长70cm　身袖长116cm

　　丝织品是中国传统出口商品，备受海外推崇，曾一度在古罗马帝国与黄金等价。秦汉时期珠江三角洲已有成片桑园，唐宋时期生产规模逐渐扩大，明清时期桑基鱼塘生产模式形成。广东织造的粤缎、广纱、黎锦，"皆为岭外京华，东西二洋所贵"。

　　这件黑缎广绣凤纹女衫是典型的广绣作品。

岭外京华自桑园

小知识：广绣

　　广绣指流传于广州及其古属地的民间刺绣工艺，与潮绣（潮汕等地区的刺绣）合称粤绣。粤绣为四大名绣之一，被誉为"中国送给西方的礼物"。

　　广绣以构图饱满、繁而不乱、色彩艳丽、装饰性强为显著特征。其题材广泛，尤其擅长表现岭南风物，如荔枝、红棉、百鸟等。

　　广绣至今已有1000多年的历史。早在16世纪中期，广绣就已深受海外欢迎，明末至清中期是广绣出口的全盛时期。清代岭南三大家之一的屈大均有这样的描述："五丝八丝广缎好，银钱堆满十三行。"

　　清代广绣吸收了西洋油画的艺术风格和明暗透视及光线折射的原理，形成了独特风格。这种中西融合的广绣深合西方人的审美趣味，在欧美地区大受欢迎。

海事管理

唐代广州首设市舶使和市舶使院,标志着中国海上对外贸易管理体制初创。宋代市舶使院改称市舶司。清代设立粤海关,标志着1000多年市舶制度终结和近代海关制度创始。

铁权

元代
高10.5cm　底径4.6cm

此铁权为实心范铸,正面有阴文楷书铭"大德二年",背面有阴文楷书铭"官六同"。"大德"为元代第二位皇帝成宗铁穆耳的年号,"官六同"或为该铁权的督造官。

铁权一般指秤砣,也叫秤锤,杆秤中的秤砣,相当于砝码。

铁权实心责任重

小知识:市舶制度

市舶指进行海外贸易的船只。市舶司是一种专门管理海上对外贸易的机构,其职责包括"掌蕃货、海舶、徵榷(zhēng què)、贸易之事,以徕远人,通远物"。

唐开元年间,广州设市舶使,为市舶司前身。宋代于广州正式设立市舶司,至明代早期,其发展达到巅峰。由于明清两朝反复"海禁",最终于清康熙年间全部撤销,改设"海关"。

罕见砝码海关通

粤海关"壹佰两"砝码

清代

高5.5cm　面径8.8cm　底径9cm

　　此砝码为鼓形，铸有铭文"粤海关铸造收税壹佰两砝码承造官代办库大使事叶滋钧照行"。

　　砝码重达"一百两"，是迄今发现唯一的粤海关铸造砝码，也是罕见的大额砝码，这种大额砝码应是称量大额银两所用，可以佐证清代对外贸易额之巨大、其景象之繁荣，是清代中外海上贸易的重要文化遗产。

　　粤海关设立于清康熙二十四年（1685年），并在广东沿海设通关的七个总口，各总口管辖为数不等的小口。粤海关地位十分重要，专设监督，由皇帝从内务府旗人中钦派，以确保皇室直接掌控税收，其不仅垄断了中西贸易的收税大权，而且是清政府管理洋人贸易及活动的最重要机构。

　　粤海关是中国最早的现代意义上的"海关"之一，也是最重要的海关，一度成为中国海关的代名词。清代海关的设立标志着自唐代以来1100多年的市舶制度终结和近代海关制度创始。

东西汇流

海上交通不仅开创了繁荣的贸易交往之路，也开辟了辉煌的文化交往之路。广东作为中国对外交流的窗口与通道，其文化呈现出多元化、国际化的特点。

蚀花秘藏外族艺

玻璃、玛瑙、水晶串珠

东汉
广东徐闻出土

这件串珠是西汉时期东南亚地区的产品。其工艺为"蚀花"，是一种运用化学方法对玛瑙或玉髓进行处理，使珠饰表面呈现特定纹饰的方法，主要原料是碱。

最早研究蚀花珠的是英国学者，蚀花珠的英文名是Etched Carnelian Bead，中国考古学家夏鼐（nài）先生将其翻译为"蚀花肉红石髓珠"，"蚀花"一词由此得名。蚀花肉红石髓珠起源于公元前3000年的印度河文明，该类饰物及其制造技术在欧亚大陆广为传播。

自汉代开辟海上丝绸之路以来，广州作为对外贸易港口的地位日益提高，唐宋时期已成为中国海外贸易的第一大港、世界知名的国际大都会。各种奇异番货涌入的同时，广州还以开阔的胸襟容纳域外文化，推动了世界文化的交流与发展。

金线金丝属谁人

金项饰

宋代

长172cm

"南海Ⅰ号"沉船出水

    此金项饰以四股八条镀金线编织而成，器身截面呈方形。其带钩头部呈弓状长条形，饰璎珞纹，后有方孔连接腰带。金项饰的另一端有四个小环用以调节松紧。此金项饰具有阿拉伯风格，可能为船主或船员所用，或许与海外贸易活动有关。

    1978年，广州打捞局和英国海上探险与救捞公司合作寻找东印度公司沉船时，无心插柳，意外发现了一艘中国南宋时期的沉船，这就是著名的"南海Ⅰ号"。其中打捞出了一批珍贵的文物，这件金项饰是当时打捞出水的第一件金器。尽管目前无法知道这件金项饰的主人和真正用途，但借此"一斑"，可见宋代海上丝绸之路的贸易繁荣。

德化窑白釉达摩执鞋像

明代
高35cm

达摩，南天竺（今印度）人，中国佛教禅宗的始祖，南朝航海到广州。

此像立姿裸足，足踏于图形波浪式基座之上；粗眉怒目，高鼻阔口，齿外露，双耳肥大，面颊连鬓络腮胡；右臂左屈执履，左手搭于右臂。

此像描绘的便是达摩"只履西归"的传说故事。

只履西归不为虚

小知识：华林寺

佛教最初由古印度传入中国，形成了具有中华民族特色的中国佛教，分别是汉地佛教、藏传佛教和南传佛教。岭南是佛教传入中国的一个重要通道，魏晋南北朝时期，佛教经海上丝绸之路传入广州。

华林寺位于广州荔湾区下九路西来正街，前身为西来庵。中国佛教禅宗的创始者达摩在南朝宋末航海到广州，往洛阳，后到嵩山少林寺传经。为纪念这位祖师，人们在他最初登岸讲法的地方建起西来庵，并把这一带称为"西来初地"，建庵纪念，清代改称华林禅寺。

东西交流多交融

风雨寒暑表式铜座钟

近代

长30.8cm　宽14.7cm　高33cm

　　明朝中叶，意大利传教士利玛窦来到广东，揭开了西学东渐的序幕。伴随西方传教士陆续东来，欧洲的宗教、科学、技术及观念不断传入广东，并由此影响内地。

　　钟表类的文物是反映明清时期中西文化交流的重要遗存，是西学东渐的产物。广州是中国最早开眼看世界的窗口，西方的科学技术和文化最早也是经广州传入国内。

　　1607年，由利玛窦口授、徐光启笔录的欧几米德所著的《几何原本》介绍了西方近代数学的基本内容。

"石室"教堂模型

广州石室圣心大教堂坐落于广州市区中心的一德路，是天主教广州教区最宏伟的教堂，国内现存最大的双尖塔哥特式建筑之一，东南亚最大的石结构天主教建筑，也是全球四座全石结构哥特式教堂建筑之一。

教堂建于1863年，由法国设计师设计、中国工匠建造，落成于1888年，历时25年建成，耗资40万法郎，可与闻名世界的法国巴黎圣母院相媲美。圣心大教堂至今有130多年的历史。由于教堂的全部墙壁和柱子都是用花岗岩石砌造，所以又被称为"石室""石室耶稣圣心堂""石室天主教堂"。

中国趣味尚成风

火铳雷鸣护海疆

铜铳

明代

长30～36.3cm　口径3.5～4cm　尾径3～3.5cm

广东肇庆高要出土

　　1978年9月，广州轧延厂文物保护小组在高要县（今高要区）运来的废铜里发现一批古铜器，其中有八支铜火铳（chòng）。这些铜铳铳身积满泥锈，有的铸有"官"字，有的铸有"胜"字。从外观上看，可能是经历了较长时间的埋藏。

　　铳是利用火药在膛内燃烧所生气体压力发射弹丸的一种管形射击火器。铳类火器在元明之际的战争中发挥了重要的作用。这几件明代铜铳属于铳类火器中的重要类别——手铳，铳身分为三部分：前膛、药室、尾銎。铳膛约占铳体三分之二，用于安放石质或铁质的散弹；药室用于装填火药，呈瓮形，其直径大于铳口直径及尾銎直径，而且药室两端一般会加两道以上的箍，以加固铳身，防止爆裂。尾銎则可插入木质手柄，方便举放。

　　此类火铳通过点燃火药推动弹丸发射，射程可达数百步，既用于陆战冲锋，也适用于海战近程攻击，尤见于抗倭斗争中，如戚继光《纪效新书》所载"铳发如雷，倭阵自溃"。其是研究15—16世纪中国火器实战化与海疆军事史的关键物证。

宝石红料鼻烟壶／青花粉彩螃蟹花鸟纹鼻烟壶

清代
左，长4.4cm　宽2.2cm
右，长5.5cm　宽2.4cm

　　鼻烟壶源自欧洲，明代传入中国。随着鼻烟风气盛行，鼻烟壶的款式日渐增多。

　　鼻烟壶最初用玻璃制成，后来发展为用玉石、玛瑙、金属、陶瓷等多种材料制成，造型和工艺多样，其中，以内画鼻烟壶最为著名。匠心独运的各式鼻烟壶，以小见大，使清代美学工艺大放异彩。

奇异洋货放异彩

十三行

广州十三行是清乾隆实施"一口通商"政策后,政府特许的唯一经营管理对外海路贸易的商行统称。中西贸易大都聚集于此,世界各国的货物和贡品,大都由此转送朝廷及全国各地。因优越的地理位置和特殊政策,广州成为清朝全盛时期中西贸易的中心、政府税收的重要来源地、通晓西学人才的中转站。

鸦片战争爆发后,由于《南京条约》签订,开放了广州、厦门、福州、宁波、上海五个通商口岸。广州不再是唯一的通商口岸,行商已无法继续垄断对外贸易,至此,十三行完成了它的历史使命。

煜呱《广州港全景图》

清代
纵88cm 横200cm

煜呱《广州港全景图》创作于1845年左右,油彩布本,描绘了从沙面、十三行商馆区、海珠炮台直至大沙头附近的东水炮台一带珠江北岸的广阔风景。

手绘实图记风景

煜呱是1840年至1870年活跃于广州的著名外销画大师，他在广州及香港都设有画店，店号"怡兴"。

《广州港全景图》以洋画的技巧写实地记录了特定时期广州的历史风貌，是清代广州口岸的外销画家在照相机普遍使用以前为中国城市留下的罕见的图像记载，具有较高的历史价值与艺术价值，堪称清代广州的手绘照片、珠江版的"清明上河图"。

> **小知识：外销画**
>
> 外销画是18、19世纪中国画师采用西洋技法绘制的外销艺术品。为迎合西方社会热衷中国趣味的风尚，广州画师采用西方的绘画颜料和技法，以广东自然风物、市井风情为题材，绘制带有中国风情的图画，销售给来华的洋人。
>
> 外销画绘画种类多样，有布本油画、象牙油画、玻璃油画、通草水彩画、纸本水粉画、线描画等。这些画满足了西方人对中国的好奇心，是中国绘画艺术的重要组成部分。

广州手绘农耕商贸图外销壁纸

清乾隆

纵292.1cm　横72.7～146cm

　　该壁纸来自英国英格兰东北部约克郡的一级历史保护建筑"夏活庄园"大宅，它是夏活伯爵拉斯切利斯家族的藏品。

　　据文献记载，亨利·拉斯切利斯是东印度公司商船约克号的船长，曾在1741年至1748年三次乘约克号到访广州，订购了这套壁纸。虽然每幅画面题材各不相同，但连起来可以组成一组完整的广州风土人情写实画面，是当时外销壁纸中的佳作。更难能可贵的是，壁纸的购买者及其当时所从事的商贸活动均有确切的文献记载，这让这组壁纸具有更高的史料价值，它也是早期中英商贸文化交流的重要历史见证。

丹青渡海绘商农

小知识：外销壁纸

中国壁纸是18—19世纪外销商品中的一种时髦物品，有花鸟、风景、生产、生活等题材。当年欧洲人喜欢将绘制有中国人物故事、花鸟鱼虫的壁纸贴在墙上作为装饰。很多欧洲家庭都会在广州定制这样的壁纸。通常每幅长12英尺、宽4英尺，一般成套制成，形成一系列连续的景象，可以贴满整个房间。

银锤胎徽章留白人物故事图执壶

清代

高37.8cm　口径10.2cm　底径8.7cm

此壶通体银质，壶柄为一曲身龙，龙口与壶口巧妙相接。壶体锤鍱（yè）錾（zàn）刻戏曲人物故事，场景热闹，繁而不乱；颈腹之间有盾形纹章留白；底錾"WH""90"款。"WH"是"宏兴"的缩写，为晚清至民国时期销售量最大的外销银器销售商。

银器外销有宏兴

> **小知识：外销银器**
>
> 清代广州银器外销盛极一时，十三行街区曾形成一个银器市场，外销的银器多为餐具、纪念高足杯、盖杯及银盒，当时外国人订制纹饰精美的银器，多作为礼品和纪念品馈赠亲朋。

铜镀金西洋钟

清代
长34.5cm 宽10.5cm 高40cm

  从造型人物上看，这是一件西洋舶来品。作为计时器，它要求技术精准；作为艺术品，又力求奢华有美感。西洋钟赏用并重，对后来的广钟影响很大。
  18世纪，作为南方最大的对外贸易城市的广州，因为受到西方钟表业的影响，开启了中国钟表制造业的先河。

机械钟表开先河

小知识：广钟

  广钟多为亭、台、楼、阁等建筑造型，钟壳有金碧辉煌的铜镀金，且大多数是色彩鲜艳、光泽明亮的铜胎广珐琅，构思奇巧，制作精密，具有鲜明的地方特色和民族风格。广钟既是计时工具，又是赏心悦目的娱乐消遣品，深受皇室宫廷欢迎，是广东官员进贡的重要物品。

广东历史文化陈列 061

纹章多姿有专属

广彩描金爱尔兰King纹章纹盘

清乾隆

高1.7cm　口径22.9cm　底径12.1cm

　　纹章兼具身份象征和艺术装饰的特点，欧洲贵族将其广泛应用于各种公共设施和私人器物之上。纹章瓷因瓷器上绘有个人、家族、社团、公司或城市的纹章而得名。

　　纹章瓷是订烧瓷，即外国客商根据本国需要前来中国订制的瓷器。这类瓷器行销世界，是中西方世界交流融合的产物。英国、法国、荷兰等欧洲国家都曾派人到广州定制特定纹饰的瓷器。瑰丽多姿的纹章瓷，实证了中国个性化瓷器定烧的频繁以及中外海上贸易的繁荣。

小知识：广彩

　　广彩是"广州织金彩瓷"的简称，是广州工匠将景德镇的白瓷胎按照西方人的审美习惯加彩烘烧而成，创自清代中叶。当时将景德镇所烧白瓷运至广州，雇工匠设厂加工彩绘，开炉烘烧，制成后主要用于外销。

广彩通景航海西洋人物图盖执壶

清乾隆
高13.5cm　口径7cm　底径6.5cm

　　此壶弧形盖，宝珠型。盖面绘江景图，壶身通景绘西洋风景人物，画面中一艘荷兰东印度公司货船正徐徐靠近码头。这件彩瓷记录了中国与欧洲之间航运贸易活动的场景，也是当时的订烧瓷。
　　广彩是中西文化交流的结晶，它既有中国传统彩绘艺术风格，又吸收了欧美的艺术精华；既保存了中国传统纹饰，又创造性地采用了西方的历史故事、宗教题材、神话传说和风俗人情为图案加以装饰。

五彩斑斓艳不俗

广彩人物纹盖盅、托盘

清乾隆
盖盅，高20cm　口径22.3～32cm　底径15.5～23.4cm
托盘，高4.5cm　口径28～39.5cm　底径15.7～25.5cm

　　这件广彩的盖盅与托盘上描绘的人物众多，场面热闹，纹饰绚丽，艳而不俗，整体看上去整洁而生动。
　　广彩以"绚彩华丽，金碧辉煌"而闻名于世，是我国釉上彩瓷的一个独特的品种。

广东历史文化陈列　063

中西合璧西方礼

黑缎地广绣花鸟图挂屏（其一）

清代
纵120cm　横51cm

黑缎地广绣花鸟图挂屏共四幅，每屏纵120厘米、横51厘米，皆以黑缎为地，施五色丝线。这件挂屏是其中之一，将祥禽定格于屏上，让人仿佛置身于满园春色中：蝶燕双双，结伴而飞，孔雀开屏，鹤鸭顾盼，雄鸡觅食，白鹤行走，玉兰鹦鹉，寿石雉鸡，华美绚丽。挂屏色彩浓艳，富丽堂皇，针脚平齐，轮廓工整，是广绣的代表之作。

黑漆描金异形骨官邸庭院人物、花鸟图折扇

清道光
长33.8cm　展幅60.8cm

　　这把扇子工艺精美，画面繁复工整。扇的一面以牙片贴面，用织锦剪裁服饰的技法描绘出50多位官邸庭院中的人物，人物神态各异；一面是绢面刺绣花鸟图案，素雅清丽。两面各具特色，形成鲜明的对比。此扇是清道光中期外销官扇的精品之作。

　　在18、19世纪，外国商人和水手喜欢购买中国折扇作为赠送亲友的纪念品。在法国，宫廷贵妇无论冬夏都以手持中国式绢扇为时尚。广州作为中西商贸交流的重要窗口，也逐渐形成了发达的制扇业。

扇艺纷呈展魅力

雕龙花卉纹象牙球

民国
通高19cm 通径6.3cm

精雕细刻鬼工球

这件组合式象牙球是清代手工制品，球内共有15层，每一层都可以自由转动，综合运用圆雕、浮雕、镂通雕等多种雕刻技法，充分显示广州牙雕的高超水平。这类工艺品大都由外商订制，供出口外销之用。

广州牙雕又称南派牙雕，已有2000多年历史，早在西汉南越王墓的挖掘过程中就曾出土过牙雕文物。在宋代，广州工匠制作出内有三层且层层可转动的象牙球，还被冠以"鬼工球"的美名。"鬼工球"即套球，又称"同心球"，是广州最具代表性的牙雕制品。

小知识：广雕

广雕指的是以广州为代表的具有岭南地方特色的雕刻工艺及其制品，包括牙雕、木雕、贝雕、砖雕、骨雕等，素以精细工整、玲珑剔透而闻名于世。清康熙海禁以后，东南亚等地的象牙大量输入广州，为牙雕工艺提供了充足的原料，广东牙雕工艺也成为全国之冠。同时，广雕融入西方文化元素，形成了构图新颖别致、造型生动逼真、雕工精巧细腻的艺术特色。

铜胎画珐琅花卉纹碗

清中期

高5cm　口径10.3cm　底径5.2cm

臻于至美广珐琅

　　此碗采用画珐琅工艺，外壁以浅蓝色为底，以红、绿、黄等色珐琅釉彩绘花卉一周；足底施白釉，以红釉书"粤东省城濠畔西约义和祥造"双方框款，款外再书"陈敦厚堂"四字。内壁施粉红色珐琅彩釉。

　　义和祥位于广州外城最繁盛的商业街道之一的濠畔街，是清代广州著名的手工业中心。此碗是了解当时广州金属胎珐琅器生产情况的重要实物资料，弥足珍贵。

小知识：广珐琅

　　珐琅器是将经过粉碎研磨的珐琅釉料涂施于经过金属加工工艺制作后的金属制品表面，经干燥、烧成等制作工序后，得到的复合型工艺制品。珐琅工艺常见有掐丝珐琅、錾（zàn）胎珐琅、透明珐琅、铜胎画珐琅等四大类。

　　广州珐琅器工艺品种齐全、技艺精妙，是清代珐琅器工艺的重要基地及最大产地。

通身金漆显华贵

黑漆描金人物故事图针线捧盒

清晚期

长35.5cm　宽26.1cm　高15.5cm

　　这件金漆人物捧盒，用于放置针线，是女红用具。其外表图案为人物故事，内容丰富，通身施以金漆，尽显雍容华贵。捧盒内部又分为多个格子，便于放置大大小小的缝纫、绣花等用品。

　　捧盒是一种古代的盛具，即捧在手中的盒子，形体较大，常用于盛放各类零食，主要流行于明清至民国时期。

　　捧盒材质多样，工艺精美，不仅具有实用性和美观性，还是社会礼仪和文化艺术的体现，表现了古人日常生活中的审美与追求。

小知识：外销漆器

　　中国是漆器的故乡，早在6000多年前的河姆渡文化中就已经出现了漆器。18世纪，中国外销到欧洲的家具以漆木家具为主，多采用黑漆描金的装饰手法，式样大到橱柜桌椅、屏风，小到扇子、针线盒、工具箱，无所不包。多数家具的木胎事先由订购地做好，再不远万里船运至广州，广州漆匠髹（xiū）漆彩绘后再返运回订购地。

　　18世纪，欧洲人把中国臆想为出产丝、瓷、漆的仙境，中国漆器上的金漆彩绘工艺对欧洲洛可可艺术风格的形成有着重要影响。

海外粤人

秦汉时期，岭南先民便浮舟出海，开始了与海外世界的交往。隋唐以来，陆续有广东人远渡重洋，到南洋群岛和南北美洲谋生，成为早期海外华侨。19世纪中叶至20世纪前期，广东人出洋谋生进入高潮。他们或因被迫、受骗，或为求学经商，下南洋、闯美洲，粤人足迹遍布世界各地。

占华侨人数70%的海外粤人，情系桑梓，回报故里。在融入侨居地的过程中，不仅传承、弘扬中国文化，也将西方文化带回故乡，对广东乃至全国的社会、经济、文化发展作出了杰出贡献并产生了深远影响。

在家乡，他们积极兴办铁路、公路公交事业，兴办各类企业。

辛亥革命中，华侨表现出了高度的爱国热情和英勇献身的精神，形成了近代中国历史上第一次华侨爱国高潮。孙中山曾说："华侨乃革命之母。"粤籍华侨募捐助饷，发展革命组织，还直接参加武装起义。

抗日战争时期，粤侨积极捐钱捐物，并直接参加世界反法西斯战争。二战期间，美国约有1.3万名华侨在陆军中服役，占当时旅美男性华侨总数的1/5以上，为人类和平作出了应有的贡献。

唐人街

　　唐人街是英文Chinatown的中文翻译，历史上，唐朝对海外有着巨大的影响，因此，在外的华侨多以"唐人"自称，故其聚集地也叫"唐人街"。唐人街居民以华侨华人为主，广东方言是主要交流语言之一，他们保留着中国传统的生活习俗，在中国传统节日，唐人街会举行各种庆祝活动。

　　旧金山的唐人街始于1850年前后，是美国最大的"中国城"，甚至号称是亚洲以外最大的华人社区。在唐人街开设中医诊所、餐馆是华人最普遍的谋生方式。

开平碉楼与村落

　　开平碉楼与村落是广东省第一处世界文化遗产，也是第一个华侨文化世界遗产和国际移民文化世界遗产。

　　开平是中国著名侨乡和碉楼之乡，最多时有3000多座碉楼，现存1833座，堪为世界建筑文化博览馆。这些碉楼多建于20世纪二三十年代，是集防卫、居住和中西建筑风格于一体的多层塔楼式建筑，集中反映了华侨历史、中西文化交融的人文社会形态、自然生态及乡风民俗。

　　模型的中间是瑞石楼，号称"开平第一楼"，是中西建筑风格完好结合的典型，也是开平现存最高、最美的碉楼。

中西合璧的建筑：爱群大酒店

　　清末民初，华侨将侨居地的建筑风格、装饰工艺融入家乡的建筑文化中，带来新的城市规划理念和建筑管理模式。中西合璧的建筑大量涌现，广东城乡景观异彩纷呈。广州爱群大酒店便是其中的代表。

　　广州爱群大酒店由美国华侨陈卓平创办。1937年落成，共15层，外形仿美国摩天大楼，为广州第一座钢框架结构的高层建筑，"开广州高层建筑之新纪元"。

爱群大酒店

广东省自然资源展览
——粤山秀水 丰物岭南

广东省属于东亚季风区，地处热带和亚热带地区，为亚热带和热带季风气候类型，是中国光、热、水资源特别丰富的地区。年平均气温自北向南逐渐升高，由19摄氏度升到24摄氏度以上。多数地区年均降水量为1500～2000毫米。气候温暖，雨量充沛，四季常绿。

广东省陆地面积为17.98万平方千米，地貌类型复杂多样。其中山地和丘陵面积约占广东省陆地总面积的60%，台地和平原约占40%。全省大陆海岸线长4114千米，居全国第一位。海域总面积41.93万平方千米。珠江全长2129千米，是中国第三大河流。

广东省北依南岭，南濒南海，具有良好的成矿地质条件，省内分布有南岭、武夷、桂东—粤西3条重要成矿带，矿产资源种类齐全，至2022年底，全省发现矿产151种，其中查明资源储量的矿产105种，矿产地2988处。查明资源储量排名位居全国前十名的矿种69种，种类较齐全，尤其在

有色金属、贵金属、稀有金属和非金属矿产中具有优势，是我国矿产资源较为丰富的省份之一。广东省动植物资源丰富，至2022年底，省内分布陆生脊椎野生动物1018种，野生高等植物6654种。广东省海域辽阔，滩涂广布，陆架宽广，港湾优良，岛礁众多，海洋生物、矿产和能源资源丰富。广东省森林面积953.29万公顷，森林蓄积量5.78亿立方米，森林覆盖率53.03%。截至2022年，全省"国家森林城市"达到14个，成为获得"国家森林城市"数量较多的省份。全省建立各类县级以上自然保护地1361个，面积260.35万公顷。广东森林公园达710个，其中国家级28个，规划建设面积占全省林地面积的11.2%。

第一篇
地质地貌馆

广东省北依南岭，南临南海，全境地势北高南低。由于地质构造运动和岩浆活动频繁，广东形成了典型的地质地貌和重要地质遗迹100多处，包括丹霞地貌、岩溶地貌、海蚀遗迹、火山地貌、花岗岩奇峰等多样化的地质景观。

广东目前有七个国家地质公园，其中丹霞山和湖光岩为世界地质公园。这些地质公园不仅融合了自然、人文景观，还具有重要的地质科学意义。

广东封开国家地质公园

封开国家地质公园位于广东省肇庆市封开县东部，"贺江以东，核心区面积约30平方千米。下图为大斑石景观，大斑石具有"一石成山、完整无缝"的罕见特征。这种地貌景观的形成需要苛刻的地质条件，特定的岩性、构造、河谷地貌缺一不可，被誉为"岭南奇观"。

大斑石景观

丹霞山

丹霞山国家地质公园

　　丹霞山国家地质公园位于韶关市东北部，丹霞地貌的岩石是形成于晚白垩世的红色河湖相砂砾岩，距今约7000至9000万年，以赤壁丹崖为特色。丹霞山山石"色如渥丹，灿若云霞"，因而得名。

　　目前，世界已发现丹霞地貌1200多处，其中以丹霞山发育最典型、类型最齐全、造型最丰富、风景最优美。

湖光岩国家地质公园

　　湖光岩国家地质公园位于湛江市西南20千米，湖光镇西北4千米，面积约22平方千米。

　　距今15万年前，湖光岩火山爆发后，火山口洼地积水成湖，是国内目前较为典型、世界较为罕见的"玛珥湖"。

　　湖光岩玛珥湖呈圆形，周围火山口壁有几米至几十米高，湖清，水深数十米。湖水为地下水渗透，温度从上到下逐渐降低，水质较好，清澈透明。湖光岩玛珥湖真实记录了地球10多万年前至今的气候、环境的变化情况，不仅是我国研究玛珥式火山喷发和玛珥湖形成机理的极好场所，也为目前地球环境保护提供了重要的科学依据。世界上两个最为典型的玛珥湖分别是中国的湖光岩玛珥湖和德国艾菲尔地区的玛珥湖。湖光岩玛珥湖是中国乃至世界最大的玛珥湖。

第二篇
矿产资源馆

大自然像一位神奇的魔术师，借助地质作用的力量，将自然界中的固态、液态和气态物质聚集起来，在地表上和地球内部形成一处处可供人类利用的宝藏。矿产资源便是其中之一，它们看上去并不起眼，但却是人类工业生产中最主要的原料来源，是人类赖以生存的物质基础，也是国家安全和社会发展的重要物质保证。

在漫长的地质演变历史中，岭南地区经历了频繁而强烈的地壳运动，具有复杂的地质构造和良好的成矿条件，是我国有色金属、贵金属、稀有金属和非金属矿产的重要产区。

能源矿产

能源矿产主要包括煤炭、石油、天然气、油页岩、铀矿、泥炭、可燃冰等。广东的煤炭资源相对短缺，但却拥有较为丰富的海底石油和天然气资源、发展潜力巨大的可燃冰资源、大储量的油页岩资源、可观的铀矿资源，以及已探明储量位居全国第一但尚未大量开采的泥炭资源。目前这些资源大部分还有待探明和开发，广东可利用的能源矿产仍然相当有限。

油页岩

金属矿产

今天，人们几乎天天都会与金属打交道，而大多数金属都是从金属矿产中提取出来的。金属矿产是指工业上能用于提取有色金属、黑色金属、贵金属和稀有金属等的矿产资源。广东省的金属矿产尤其以有色金属、稀有金属具有较大优势。

有色金属

有色金属主要包括铜、铅、锌、铝、锡等。

车轮矿（灰黑色）

蓝铜矿

黑色金属

黑色金属包括铁、锰、铬、钛和钒。钛矿是广东的优势矿产。铁矿是国计民生中的支柱性矿产资源，在广东的资源储量相对有限，但分布较广。

赤铁矿

广东省自然资源展览

贵金属矿产

贵金属主要指金、银和铂族金属（铂、钯、铑、铱、钌、锇）八种金属元素。广东的金矿主要分布在肇庆、河源等地，其中高要河台金矿是目前广东规模最大的金矿。

黄金因其稀少、化学性质稳定又易于分割和加工等特点，在古代长期被作为货币。例如这块战国时期铸有"郢爰"铭文的楚国货币。

郢爰（yǐng yuán）

自然金是指以天然单质形式存在的黄金。下图这种团块状集合体的自然金也被称为"狗头金"。

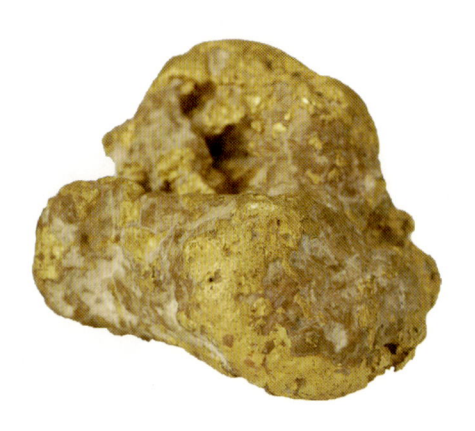

狗头金

稀有金属矿产

铌和钽均属于稀有金属,在广东具有相当丰富的储量。

铌铁矿和铌钽铁矿是提取铌和钽的主要矿石矿物,是重要的战略资源。广东是我国较早开发利用铌、钽矿的省区之一,为我国国防尖端工业的发展作出了重要贡献。

铌铁矿

小知识:稀土

"稀土"是对一组金属元素的简称,包括15种镧系元素(从镧到镥)以及钪和钇,共17种元素。

稀土是18世纪末才被发现的,由于当时的人们见到的多是稀土元素的氧化物,它们具有难溶于水的"土性",同时人们认为它们很稀贵,所以将它们称为"稀土"。现在看来稀土实际上是一组化学性质相当活泼的金属,但有趣的是,"稀土"这个名称却沿用至今。

在冶金工业中,极少量的稀土元素就可以帮助清除金属中的有害杂质,并使金属更致密、更耐腐蚀和耐高温。

稀土在石油化工工业中是一种"神通广大"的催化剂,它可以大大提高汽油的产量和质量。

17种稀土金属元素就像孪生兄弟一样,不仅外表相似,而且"性格"相近,都比较活泼,要想将它们分离还挺困难。在工业上,常常使用的是各种稀土元素的氧化物。

非金属矿产

非金属矿产是指除了能源矿产、金属矿产以外的具有工业利用价值的岩石、矿物及其集合体，如硫铁矿、高岭土、水晶和石膏等。广东的非金属矿产资源丰富，种类多样，分布广泛，开采点多，具有广阔的发展前景。

广东的含硫化合物——黄铁矿资源储量大、质量好，是国内重要的产区，最主要的用途是生产硫酸和硫黄，生产出来的硫酸和硫黄又主要用于制造化肥、农药和各种洗涤剂、合成树脂、人造纤维、炸药等化工产品。

黄铁矿因其金黄色外观常被误认为黄金，故又俗称为"愚人金"。实际上，用手掂一掂，黄铁矿比黄金轻得多；将它们在没有釉的白瓷板上划一划，黄铁矿会留下绿黑色的条痕，而黄金则会留下金黄色的条痕。

黄铁矿

地下水资源

地下水资源主要包括地下淡水、矿泉水和地下热水资源。广东雨量充沛，河网密布，具有丰富的地表水资源，但由于地表水源分布不均和污染问题，地下水资源已成为广东地表水资源的重要补充。

广东的地下淡水资源几乎遍布全省，且水质较为优良。

广东是我国饮用天然矿泉水水源地和生产企业较多的省份，矿泉水资源相当丰富，主要分布于粤西和粤东。

广东的地下热水资源也十分丰富，在粤西、粤北和粤东地区均有广泛分布，具有良好的开发前景。

第三篇
宝玉石馆

晶莹绚丽、温润素净的宝玉石，因其独特的质地和美学价值而被人们视为神圣、高贵之物。自古以来，人们对宝石情有独钟，并将其同财富、威望、地位和权力联系在一起。如今，宝玉石仍以独有的气质和纯真的魅力装点、美化着人类的生活，丰富人类文化艺术宝库。一个国家宝石的消费水平已成为衡量其经济实力、文化发展水平的重要标志。

紫晶洞

宝石

宝石是指自然界中具有美丽、耐久、稀有特性且能加工成为首饰或工艺品的矿物、岩石和有机材料。它们经过琢磨和抛光后，质地晶莹，光芒闪烁，坚硬度高，化学成分稳定，可以制作首饰及工艺品，如钻石、水晶、祖母绿、红宝石、蓝宝石和金绿宝石等。

五大珍贵宝石

五大宝石是指钻石、红宝石、蓝宝石、祖母绿、金绿宝石。

钻石被誉为"宝石之王"，是珍贵宝石中唯一以明亮及火彩展现魅力的宝石。红宝石和蓝宝石为姐妹宝石，它们都属于刚玉矿物，红宝石是指所有红色色调的刚玉宝石，蓝宝石则是指除了红色系列以外颜色的刚玉宝石。祖母绿是绿柱石族矿物中的佼佼者，因晶体结构中含有铬元素而呈现美丽纯正的绿色。金绿宝石的品种主要有金绿宝石、猫眼和变石等。

钻石

红宝石

蓝宝石

祖母绿

金绿宝石

石榴石 　　　　　托帕石 　　　　　橄榄石

锆石 　　　　　海蓝石

一般常见宝石

　　一般常见宝石有水晶、尖晶石、石榴石、电气石、海蓝宝石、托帕石、锆石、长石等，均可作为珍贵宝石的替换品，制作出赏心悦目的首饰。

　　水晶是透明的石英晶体，在自然界中，石英是最常见、最主要的造岩矿物之一，有多种结晶形态，颜色丰富；尖晶石有多种颜色，红色尖晶石常与红宝石共生，由于二者颜色与形态相似，所以在肉眼下较难区别；石榴石的形态和颜色很像石榴的"籽"，根据化学成分可划分为多个品种，颜色非常丰富；电气石在宝石学上称为碧玺，是颜色非常丰富的宝石品种；海蓝宝石以海水般的蓝色令人陶醉，经过热处理后颜色更稳定；托帕石是中档宝石，经过辐照改色后的托帕石，颜色丰富多彩；锆石是天然宝石中折射率较高的宝石品种，无色透明的锆石曾作为钻石很好的代用品流行一时；长石类矿物广泛产生于各种成因类型的岩石中，可作为宝石者有月光石、天河石、日光石、变彩拉长石等几个品种；橄榄石因颜色酷似橄榄而得名，它那独有的草绿色和柔和的光泽备受人们喜爱。

玉石

玉是具有较高文化价值和美学价值的矿物集合体。《辞海》中对玉简化地定义为"温润而有光泽的美石"。

玉石的种类丰富，包括：和田玉、翡翠、蛇纹石玉、石英质玉、绿松石、青金石等。

在我国，由玉石制作的饰品相当常见，其价值高低并不完全取决于其品种，色泽、质感、雕工往往也是其价值所在。

和田玉与翡翠

和田玉是一种以透闪石、阳起石系列矿物为主要成分的玉石，我国新疆和田地区是世界上最著名的和田玉产地之一。和田玉按成因可分为山料、仔玉、山流水；按颜色则分为白玉、青白玉、青玉、碧玉、墨玉、黄玉、糖玉、花玉等。

缅甸是全球最重要的翡翠产地，以出产高品质翡翠闻名。危地马拉、日本、哈萨克斯坦等国家也有翡翠产出。

未经过人工处理的天然翡翠，俗称A货翡翠；经强酸浸泡，除去杂质，并充填透明树脂以提高透明度的翡翠，称为B货翡翠；经过染色处理的翡翠称为C货翡翠。

翡翠颜色丰富多彩，有无色、白色、绿色、紫色、黑色、黄色、红色等。高档翡翠以翠绿色居多。

翡翠雕"普天同庆"

其他常见玉石

常见玉石包括欧泊、石英质类玉石（玛瑙、玉髓、硅化玉、东陵石、密玉、京白玉）、绿松石、青金石、孔雀石等。

阳春孔雀石、信宜玉、台山玉以及广宁玉并称为"广东四大玉石"。

阳春孔雀石

长80cm　宽40cm　高53cm
广东阳春石菉铜矿出产

这件孔雀石体形硕大，是目前国内博物馆和私人收藏中已知最大的一块，也是广东省博物馆的重要藏品。它集钟乳柱状、结核状、葡萄状等集合体形态于一身，呈翠绿、墨绿及粉绿色，具有丝绢的光泽与绒毛状质感，该孔雀石后面还天然形成了一个山洞状结构，极具观赏性，下面的底座也是经过精心设计，楼台亭阁中有层山叠翠、曲径通幽的感觉。

我国孔雀石资源主要分布在广东与湖北。广东阳春石菉孔雀石矿开采于清代，矿床规模大、矿体集中，曾是广东最大的产铜基地，但由于地下水回流，露天开采矿坑现已变成矿湖，目前矿区已处于停采状态。

阳春孔雀石质优色艳，内部具有翠绿、墨绿、粉绿、天蓝等色带相绕的同心纹、竖纹和放射状花纹。

广宁玉雕鸡

长29.5cm　宽17.5cm　高17.5cm
广东肇庆广宁出产

　　这件玉雕鸡的形象像极了一道经典的粤菜"白斩鸡"（白切鸡）。玉雕鸡通体澄透，冠厚、喙利、爪尖、翼丰，极尽家禽"趴窝"之形制。只不过，这是一只被蒸熟了的秃鸡，鸡皮上，鸡皮疙瘩和细小毛孔清晰可见，甚至烹饪后而爆裂的鸡皮都清晰可见。这件作品实现了大自然中生灵和美石完美的珠联璧合。

　　广宁玉又称广绿玉、广绿石、广东绿，以纯绿、浅黄、奶白、黄中带绿色者为上品，颜色均匀纯正的淡绿、碧绿、墨绿色品种最受欢迎；质地温润的还可以制成精美玉器。

　　20世纪80年代以前，由于开采稀少及工艺水平有限，广宁玉多用于制作印章等小型器物。80年代之后，广宁玉雕刻技艺开始发展，经过几代工艺师的传承与创新，广宁玉雕刻技艺已经非常成熟。

第四篇
中草药馆

在我国辽阔的疆土和海域上，分布着种类繁多的天然药材资源。数千年以来，勤劳的华夏儿女将其开发利用，造就了璀璨的中医药文化，它维系着成千上万人民的生活健康，至今仍大放异彩。中医药文化凝聚着中华民族的智慧，是我国的瑰宝，更是世界医药宝库中的奇葩。

广东药材资源丰富，独具南药特色，品种门类齐全，海陆兼备，很多药材在国内外享有盛名，在药材市场上占有重要地位，是中国重要药材资源的分布区。

中草药治疗的起源

从远古时代开始，人们在生活和生产中，通过采食植物和狩猎动物，得以接触并逐渐了解到某些植物对人体可能产生的影响，这些接触有时会引发不良反应或中毒，严重时甚至会导致死亡。因此，人们学会了辨别和选择食物。为了同疾病作斗争，人们开始注意某些自然产物的治疗作用和毒性。我国古籍中记述的"神农尝百草之滋味……一日而遇七十毒"的传说，生动形象地概括了药物知识萌芽的实践。在不断寻找治疗疾病和伤痛的方法中，人们经过无数次有意识的试用、实践和观察，积累和创造了日益丰富的用药知识，这些知识又经反复实践、交流和总结，最终促进早期的祖国医药学的发展。中草药治疗的起源常与神话传说联系在一起，并且祖祖辈辈口耳相传，实际上它们是人类长期生产、生活实践和与疾病斗争的经验积累。

广东医事

广东博罗县的罗浮山是中医药学传播到岭南的重要基地之一。晋代医家葛洪晚年到此炼丹修道，收集简便灵验的民间急救方药，葛洪妻鲍姑尝以艾灸治病，越秀山上有鲍姑井以纪念这位中国最早的女灸家。

唐代时，张九龄（678—740年）开通大庾山通道，使岭南与中原交通变得顺畅，为医药文化传播作出了贡献。

葛洪（约281—341年），字稚川，号抱朴子，东晋丹阳句容（今江苏省句容县）人。葛洪的《肘后备急方》是中医第一本急救专著，其中有最早关于天花和疟疾特效方的记载。2015年10月5日，中国女科学家屠呦呦荣获诺贝尔生理学或医学奖。屠呦呦医疗团队在重温东晋葛洪《肘后备急方》时，发现其中记载了用青蒿抗疟是通过"绞汁"，而不是传统中药以"水煎"的方法来用药，由此悟出这种特殊的方法可能是"忌高温破坏药物效果"，而"改用低沸点溶剂，果然药效明显提高"。

小知识：凉茶药铺

生活在粤港澳地区的人们非常喜爱喝凉茶，凉茶历史悠久，品种繁多，深入百姓生活。2006年凉茶被列入第一批国家级"非物质文化遗产"。

岭南多雨潮湿、冬暖夏热，人们习惯在有"上火"症状时，到街头巷角的凉茶铺买一杯凉茶祛湿除热。凉茶，是以中医药养生理论为指导，使用药性寒凉和能消解内热的中草药煎水，具有清热解毒、生津止渴、祛火除湿等功效的茶饮料。

凉茶有广义和狭义之分。广义的凉茶泛指一切清凉的汤药，而狭义的凉茶仅指药方中加有茶叶的清凉汤剂。无论广义还是狭义的凉茶，都可以治疗热气和上火的症状。

中草药馆展厅"百草堂"凉茶铺陈列的百子柜中，放有冬桑叶、鱼腥草和鸡骨草等26件包埋中草药标本，都是常见的凉茶配方；百子柜上方，放有药碾、药杵和药刨等制药工具，这是手工炮制药材的必备器具。凉茶铺前方陈列的铜葫芦，是用来装凉茶的容器，寓意"悬壶济世"。人们常用"悬壶济世"赞扬医生行医救人，那么，此说法从何而来呢？"壶"即"葫"，装药的葫芦。古时候，行医的人如"摇铃郎中"，会把药装在葫芦里，走街串巷为人们治病。"药葫芦"也逐渐成为医生的象征。这也是我们经常看见药铺中摆放葫芦的原因。

珍稀濒危中草药

我国现有的中药资源种类有1万多种，其中药用植物11000多种。长期以来，由于中草药需求量大、生态环境被破坏等原因，多种中药材资源量普遍下降；野生见血封喉等药材已濒临灭绝。

见血封喉

见血封喉、断肠草、夹竹桃、乌头等是我国古代的几大毒药，其中见血封喉属国家二级重点保护野生植物，是世界上最毒的植物之一。

西双版纳的少数民族有将见血封喉树汁涂在箭头上来捕猎，猎物中箭后树液进入伤口，很快便中毒死亡。见血封喉树干流出的白色乳汁有剧毒，若误入眼中，会引起双目失明；由伤口进入人体内会引起中毒，使心脏麻痹，血管封闭，血液凝固，人在20—30分钟内便会死亡，所以得名"见血封喉"。

见血封喉枝叶

广药

广药指广东及周边地区道地药材的统称。

木桫椤

桫椤（suō luó）是广药之一，是现存唯一的木本蕨类植物，极其珍贵，堪称国宝。桫椤与恐龙同时代，被称为"活化石"，在物种进化、气候变迁、地理运动等方面，有极高的科研价值，分布于广东、广西。它被世界自然保护联盟列入《国家重点保护野生植物名录》（2021）二级，桫椤属所有种全部列入《濒危野生动植物种国际贸易公约》附录Ⅱ（2023）。桫椤是古老蕨类家族的后裔，是一种很好的庭园观赏植物。

木桫椤叶

金毛狗脊

作为中草药的金毛狗脊是蚌壳植物金毛狗的干燥根茎，其外部有金黄色的茸毛，就好像是狗的背脊，因此而得名。金毛狗脊是很有效的强筋壮骨药，对筋骨不健的病症有治疗和保健的双重作用。金毛狗是国家二级保护植物，列入《国家重点保护野生植物名录》（2021）二级，列入《濒危野生动植物种国际贸易公约》附录Ⅱ（2023）。

金毛狗脊根狀茎

第五篇
陆生野生动物馆

　　自然条件得天独厚的广东省地处热带、亚热带，陆生野生动物资源非常丰富，其种类与分布都极具岭南特色。截至2023年，广东省有陆生野生脊椎动物近1052种，野生高等植物6658种。哺乳类约155种、鸟类约577种、爬行类约173种、两栖类约113种。

　　野生动物是人类的朋友，是地球生物圈的重要组成部分。让我们与它们和谐共处，保护野生动物就是保护人类自己！

认识脊椎动物

脊椎动物的共同点是身体内部有一条脊柱。其结构复杂，由多个脊椎骨相互连接组成。

银环蛇骨骼标本

蝙蝠

有极少数的哺乳动物，比如棕鼯（wú）鼠，可以顺着气流从一棵树上滑翔到另一棵树上，但真正能够飞行的哺乳动物只有蝙蝠一种。蝙蝠的"翅膀"是由翼膜构成的，翼膜附在身体两侧，由指骨间、前肢与后肢之间的皮膜共同组成。

蝙蝠骨骼标本

广东野生动物家园

广东自然环境复杂多样，野生动物种类繁多，形态与生活习性各异。其繁衍生息的各种生态环境与种类分布都有一定的交叉和重叠，但都反映了动物的生存与自然环境的密切关系。

穿山甲标本

穿山甲

穿山甲俗称龙鲤，石鲮鱼。中华穿山甲被列入国家重点保护野生动物名录（2021年），为国家一级保护动物。在2019年，中华穿山甲被世界自然保护联盟（IUCN）列入濒危物种红色名录ver3.1，评估等级为极度濒危。

穿山甲为地栖性哺乳动物，全身有鳞甲，似瓦状，四肢粗短，背面略隆起。一般多栖息于山麓、丘陵或灌丛杂树林等较潮湿的地方。挖洞居住，其主要食物为白蚁。穿山甲食量很大，在保护森林、堤坝，维护生态平衡等方面都有很大的作用。

黑枕黄鹂

黑枕黄鹂的别名有黄莺、黄鹂、黄鸟。从古至今，黄鹂似乎与诗歌结了缘，是众多诗人歌颂的对象。《诗经·小雅》中有"交交桑扈，有莺其羽"；李商隐的《天涯》中有"莺啼如有泪，为湿最高花"；杜牧的《江南春》中有"千里莺啼绿映红，水村山郭酒旗风"。唐玄宗称黄鹂为"金衣公子"。

黑枕黄鹂飞羽多为黑色，雄鸟体羽余部艳黄色；雌鸟羽色黄中带绿，脚近乎黑色；雌雄黄鹂的喙均为粉色。黑枕黄鹂多栖于开阔林、人工林、园林、村庄等，单只或成对活动，往往雌鸟在前绕树飞行，雄鸟在后紧追不舍，雌雄二鸟会对歌，鸣声多变化且富于音韵。所以唐诗中有"两个黄鹂鸣翠柳，一行白鹭上青天"的描述。

黑枕黄鹂标本

白鹇

白鹇（xián）别名银鸡、银雉、白雉，是广东省省鸟。2021年，被列入中国《国家重点保护野生动物名录》，评定为中国国家二级保护野生动物。

白鹇属大型雉类或大型雉鸡类，雌雄异色——雄鸟背部和双翅为白色，腹部和羽冠为蓝黑色，带金属光泽；雌鸟则全身棕褐色。它们栖息于多林的山地，夜间栖息在树枝上。

白鹇因体态娴雅、外观美丽，被人们称为"凤凰鸟"，自古就是著名的观赏鸟。中国人很早就饲养白鹇，对它的描述散见在诗、词及其他文学作品中，李白就有"青萝袅袅挂烟树，白鹇处处聚沙堤"的诗句。

白鹇标本

第六篇
海洋动物馆

广东南临南海，是全国海岸线最长的省份，海域辽阔，海洋国土约17万平方千米，相当于全省的陆地面积。海洋动物资源丰富，大多是印度洋和西太平洋热带的广布种，有哺乳类、鸟类、爬行类、鱼类、甲壳类、软体动物和棘皮动物等。海洋动物与人类的生存发展息息相关，是人类发展的重要资源！

须鲸

有些生活在海洋里的动物，虽然看上去像鱼，但却是哺乳动物。比如鲸和海豚，它们没有腿，而是长着鳍状肢，并且使用肺呼吸，同鱼一样的流线型身体能帮助它们在水里获得极快的速度。

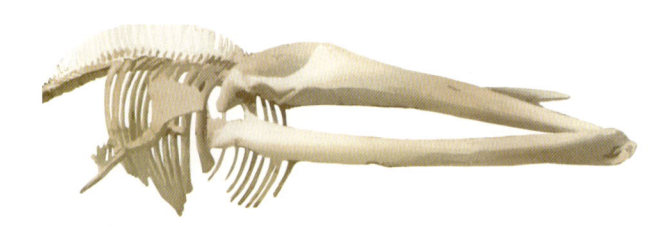

须鲸骨骼标本

须鲸是鲸目须鲸科哺乳动物，体呈流线型，口中没有牙齿，只有在胚胎发育时可以看到退化的牙齿，它们有上百条从上颚垂下的鲸须（也叫鲸须板），就像是体内过滤器。须鲸主要以磷虾和浮游生物为食，它们的摄食行为可以用"狼吞虎咽"来形容：张开大口一次吞下大量海水，再用鲸须把水滤出去，鱼和磷虾等会被留在嘴里。须鲸类动物体形巨大，最小的种类体长也大于6米。

中华白海豚

中华白海豚属于鲸目海豚科白海豚属，分布在东海、南海。

中华白海豚和人类一样体温恒定、用肺部呼吸，被列入中国《国家重点保护野生动物名录》（2021年2月5日）一级。

中华白海豚的摄食消化系统与陆生哺乳动物完全一致，食物主要为鱼类。白海豚身上的粉红色并不是色素造成的，而是表皮下的血管所致。这与调节体温有关。其色一般会从初生的深灰色慢慢褪淡为成年的粉红色。

中华白海豚骨骼标本

大白鲨

大白鲨又称食人鲨、噬人鲨，是大型进攻性鲨鱼，为大型海洋肉食动物之一，现存被认为是世界上最大的大白鲨身长达6.1米，重2000千克，是国家二级重点保护野生动物。世界各大洋沿岸海域均有其踪迹。

大白鲨有很强的好奇心——它经常从水中抬起头观察水面上的情况，还喜欢通过啃咬探索不熟悉的目标，会将一切它们感兴趣的东西吞下去：肉、骨头、木块，甚至钢笔、玻璃瓶。它们的胃内有一层坚韧的壁，这样吞入的东西不会弄伤它们。许多生物学家认为它对人类的进攻只是为了探索，然而由于大白鲨牙齿太过锋利，力量太大，这种探索容易对人类造成致命伤害。

大白鲨标本

广东省自然资源展览

第七篇
古生物馆

在地球大约46亿年的演化史中，最初的几亿年里地球是一个无生命的、荒芜的世界，直到约38亿年前，生命在原始海洋里出现后，生命进化的帷幕才被缓缓拉开，各种生物依次出现在地球发展的历史进程中。

沿着生命演化的足迹，广东省博物馆的陈列展览将把您带回遥远的过去，去探访史前神秘的海洋，感受曾经漂移的大地，寻找远古跳动的生命，游览史诗般的生命进化之路。

生命的印迹

地球形成之初没有任何生命存在，生命是在地球发展的过程中，由无机物经历了漫长岁月而产生的，是地球发展到一定历史阶段的自然产物。

繁盛的无脊椎动物

无脊椎动物在奥陶纪时就已经发展到了全盛阶段,现在生活在地球上的生物门类,几乎全部出现,海洋呈现出一派繁荣景象。

无脊椎动物与脊椎动物相对应,指不具有脊椎骨的比较低等的动物类群。其不论种类还是数量都非常庞大,它们的足迹遍布世界各地的海洋、江河、湖泊、池沼,以及陆地。

节肢动物是一类具有分节身体、外骨骼和多对分节附肢的无脊椎动物。三叶虫属节肢动物,是寒武纪海洋中数量最多的生物类群,多数游移底栖生活,少数钻入泥沙中或漂游生活。繁盛于古生代,二叠纪末全部灭绝。

三叶虫身体无论从纵向看还是从横向看,都分为三部分,故名三叶虫。

蝙蝠虫化石(寒武纪)

小知识:化石的形成

地史时期的生物遗体及其生命活动的痕迹被沉积物埋藏后,经历了漫长的地质年代,这些生物遗体的肌肉或表皮等柔软部分被分解殆尽,只留下骨头或外壳等硬体部分,经石化作用后成为化石。

从化石中可以看到古动物、古植物的样子,从而可以推断它们的生活情况和环境,推断埋藏化石的地层形成的年代和经历的变化,可以看到生物从古到今的变化等。

腕足动物是一类海生底栖动物,其躯体包裹在两瓣大小不等的壳中,多以肉茎附着于海底生活。

鸮(xiāo)头贝化石(泥盆纪)

软体动物是无脊椎动物中数量、种类众多的一个门类,在动物界中仅次于节肢动物门。软体动物分布广泛,生活适应能力强,陆地、淡水、咸水中均有分布。

头足类是软体动物门中发育最完善、最高级的一个纲,全为海生,善于水中游泳及爬行,包括菊石、鹦鹉螺、角石、箭石等。菊石是一种已经灭绝了的头足类动物,其外形与现代的鹦鹉螺很相似。在头足类中,现在唯有鹦鹉螺还背负着一个沉甸甸的硬壳,慢慢地在水中游动,据此推断,菊石也是一种游速不快、运动连贯性很差的动物。

菊石(早二叠世)

棘皮动物的皮膜上有棘刺或管瘤，是无脊椎动物中最高等的一门，包括海胆、海星、海百合等，它们早在寒武纪时期就已出现，至今仍较繁盛。

以前海百合一直被认为是典型的浅海底柄生物，固着海底生活。但贵州关岭地区大量固着在已炭化的浮木上的海百合化石的出现，说明海百合并不都是固着海底生活的，有些是附着在漂浮的树干上假浮游生活。

现代海百合主要生活在深海中，有柄海百合固着在海底，无柄海百合则营自由生活或暂时性固着生活，各大洋均有分布。

海百合化石（三叠纪）

志留纪末、泥盆纪初，植物的成功登陆为陆生无脊椎动物的发展提供了栖息的沃土。泥盆纪初期，古蝎、蜈蚣、千足虫等节肢动物在陆地上已广泛分布，最早的昆虫也在此时出现并发展至今，成为数量最多的动物类群。

优鸣螽（zhōng）化石（晚侏罗纪—早白垩纪）

水域统治者——鱼类

最早的鱼类在寒武纪就已出现，但并未得到真正的发展。奥陶纪，海洋中的无颌类数量开始增多，之后又经历了晚志留纪至早泥盆世，无颌类与原始有颌类并存的繁盛阶段，从中泥盆世开始，地球真正步入了鱼类的鼎盛时代。

潘氏北票鲟化石（晚侏罗纪—早白垩纪）

两栖动物的进化

脊椎动物从水生到陆生是一次重要的飞跃,两栖动物就是代表这一演化阶段的过渡类群,其幼体以鳃呼吸,在水中生活;成年以后用肺呼吸,多生活在陆地上。

蝾螈化石(晚侏罗世)

哺乳动物时代

新生代是哺乳动物的时代,哺乳动物是脊椎动物界的成功者。最早的哺乳动物出现在三叠纪晚期,体形很小,以昆虫和其他小节肢动物为食,生活在森林的茂密树丛之中,经常要躲避食肉动物的追捕。白垩纪末期恐龙灭绝后,在夹缝中生存的哺乳动物不仅度过大劫难,并且得以迅速发展。

南熊阶齿兽(古新世)

史前植物

地球上的植物浩若繁星,是地球上分布最广的生命体,有的已经在地球上生长了数亿年,至今仍存在;有的因自然灾害而灭绝。即使是目前尚存的植物,我们对其的认识也只是冰山一角。

史前植物,通过化石形式让我们认识到它们曾经的样子。

最早登陆的生命

在约4.2亿年前的志留纪末期,出现了由藻类进化而来的最早的陆生植物——光蕨。它们已经能够初步摆脱对水的依赖,完成了从水域至陆地的飞跃,是生命征服陆地的先驱。

微小原始蕨化石(中泥盆世)

煤沼森林

在3.5亿年前的石炭纪时期,气候温暖湿润,有利于植物生长。随着陆地面积扩大,由裸蕨植物演变成的节蕨植物和高大的石松类植物得到空前发展,形成大规模的沼泽森林。森林中的林地是被水浸泡着的沼泽地,死亡后的植物枝干很快会下沉到稀泥中,从而避免被外界破坏,并经过长时间的压实形成煤层。

细齿拟托蕨化石(晚三叠世)

裸子植物

裸子植物的出现是植物界的又一次重大飞跃，其特征是以种子繁殖，最早出现于泥盆纪晚期。

种子蕨是古老的裸子植物，始现于晚泥盆世，至晚白垩世已全部灭绝，代表性植物是舌羊齿、大羽羊齿等。

苏铁是由种子蕨植物演化而来的，晚石炭世开始出现，现在仅存10个属种分布于热带、亚热带地区。在白垩纪末期，苏铁类植物并没有和恐龙一同消失，而是奇迹般地生存下来，故有"活化石"之称。

松柏包括科达类和松柏类，是由原裸子植物古羊齿类演化而来的。科达类三叠纪后全部灭绝，松柏类中的水松、水杉等都是现代仅存于我国的活化石。

银杏因成熟的种子剥掉外皮后形似杏而得名。它可能是由科达类演化而来的分支。始现于二叠纪，中生代时分布遍及全球，早白垩世晚期突然衰退，至现代仅存一个属种于我国及日本，为孑遗的活化石。

大羽羊齿化石（晚二叠世）

苏铁化石（晚侏罗世—早白垩世）

雅致柏型枝化石（早白垩世）

西伯利亚似银杏（中侏罗世）

被子植物

被子植物又称"有花植物"，是植物发展的最高阶段，开花是被子植物的主要特征。新生代期间，能开花结果的被子植物开始取代裸子植物的统治地位，一步步把地球装点得五彩缤纷，分外秀丽。

恐龙世界

在遥远的中生代时期，地球上曾居住着一群神秘的动物，它们在三叠纪末开始统治世界，称霸地球达1.6亿年之久，最后又消失得无影无踪，它们就是恐龙。

最早发现恐龙化石的是一个名叫吉迪昂·曼特尔的英国乡村医生。1820年，曼特尔医生研究了一些嵌在岩石中的巨大骨骼和牙齿后认为，它们应该是属于某种巨大的爬行动物，并将其命名为"禽龙"。1841年，科学家理查德·欧文爵士根据当时的发现和研究成果，为那些神秘的爬行动物，起名为恐龙。

恐龙根据骨盆的结构一般分为两大类：蜥臀目和鸟臀目，蜥臀目包括兽脚类恐龙、蜥脚类恐龙；鸟臀目包括鸟脚类恐龙、剑龙类恐龙等。

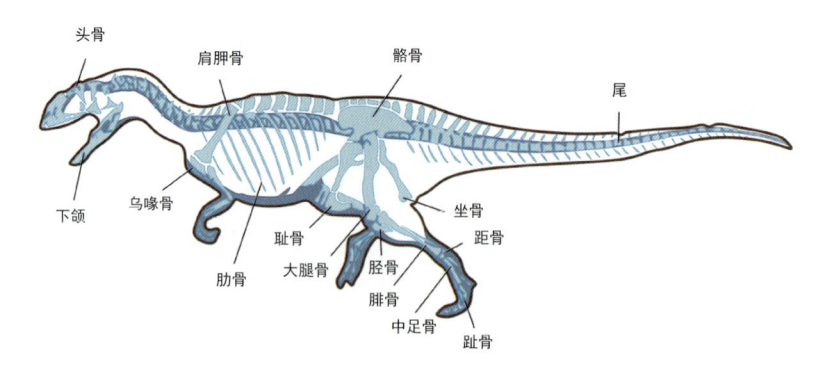

兽脚类恐龙

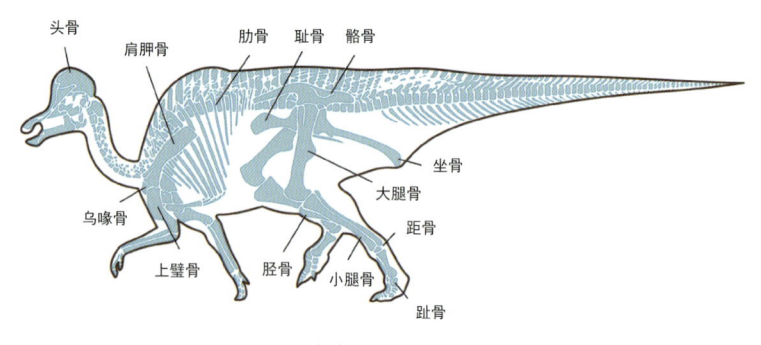

鸟脚类恐龙

地球往事

大陆漂移学说是德国气象学家阿尔弗雷德·魏格纳提出的一个假说，他推论全球各大陆在中生代以前是一块完整的大陆，称为联合古陆或泛大陆。当时的大洋也只有一个，并围绕在联合古陆的周围，称为泛大洋。在中生代，联合大陆开始分裂并漂移，到了新生代，各个大陆才终于漂移到现在所处的位置上。

鸟类起源

关于鸟类的起源，人们曾提出了各种假说，英国著名博物学家，达尔文进化论最杰出的代表赫胥黎提出了鸟类起源于恐龙的假说。

近年来，我国辽西地区不断发现带毛及羽毛的恐龙化石，为鸟类起源于恐龙假说提供了有力的证据。

带羽毛的恐龙

羽毛是现代鸟类的重要特征，但有羽毛并不等于就是鸟类。

小盗龙属于兽脚类恐龙中的驰龙科，身体上覆盖着羽毛，在许多方面和早期鸟类非常相似。

赵氏小盗龙化石（早白垩世）

早期鸟类的分异

侏罗纪末,鸟类已分化成蜥鸟类和今鸟类两大支系。蜥鸟类在白垩纪末随恐龙一起灭绝,今鸟类则繁衍至今。

孔子鸟生活在白垩纪早期,它的骨骼结构有着清晰的羽毛印迹,是目前所知最早的拥有无齿角质喙的鸟类。证明鸟类最晚在白垩纪早期,其牙齿的切割和咀嚼功能已经被体内肌胃的消化功能所替代。

圣贤孔子鸟化石(早白垩世)

似龙非龙——恐龙时代天空和海洋的统治者

贵州龙是一种小型爬行类脊椎动物。脚趾间有蹼,能像鳄鱼一样匍匐前行,也适于在水中游泳,喜欢吃鱼及小型水生动物。

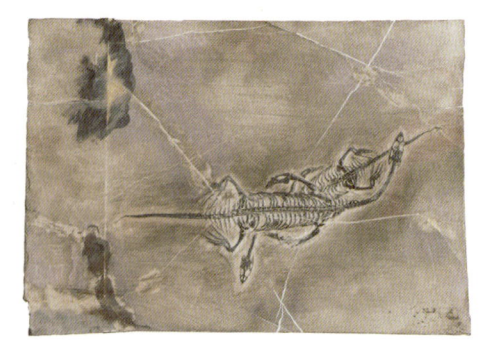

胡氏贵州龙化石(三叠纪)

110　广东省博物馆

凌源潜龙是迄今为止中国发现的第一个来自中生代湖泊沉积中的长颈水生爬行动物，头骨较小，颈部长，吻部尖，牙齿似针状，以鱼类为食。

凌源潜龙化石（早白垩世）

鱼龙是生活在海中的爬行动物，外形和海豚极为相似，游速很快。鱼龙、蛇颈龙、沧龙等海生爬行动物都不属于恐龙，只是它们生存的年代属于中生代且和恐龙一样属于爬行纲，因此大部分人误将它们当作恐龙。

周氏黔鱼龙化石（三叠纪）

远古广东的动物居民

古生代早期的广东曾是一片海洋，直至4亿多年前的泥盆纪才有陆地出现。三叠纪时广东陆地面积进一步扩大，侏罗纪时已基本成为陆地湖泊环境，淡水鱼类迅速发展，陆生动物也空前繁盛。

昆虫化石

三水盆地发现的大量保存精美的昆虫化石，包括蝗虫、蜻虫、蚊虫等，为了解新生代珠三角地区昆虫群面貌提供了不可缺少的证据。

昆虫化石 　　　　　　熊猫牙齿化石

华南新生代哺乳动物群

20世纪60年代，在广东南雄盆地红层中，首次发现了古新世哺乳动物群，河源、封开等地也陆续出土了大熊猫、东方剑齿象等第四纪哺乳动物化石，令世界瞩目。

大熊猫是我国特有的珍稀动物，以竹为食，然而它们的祖先却是肉食动物。约180万年前，它们的足迹曾遍布华南。大熊猫是什么时候，以及为何在华南消失，至今还是一个谜。

网格苔藓虫

苔藓动物通称苔藓虫,是一种水生群体动物,个体微小,常附着在岩石、贝壳或其他固体表面生长,它们大多数生活在海洋里,极少数生活在淡水中。

网格苔藓虫化石

植物在广东的发展历程

广东古羊齿化石(晚泥盆世)

石炭纪

石炭纪时期,华南地区陆地上由古老的蕨类及裸子植物群组成的森林星罗棋布。

古羊齿是北美地区晚泥盆世广泛分布的植物,在广东省也有发现。它是裸子植物的祖先,也是植物演化的重要里程碑。

二叠纪

　　二叠纪早期，全球干旱，北方沼泽森林中的植被大大减少。而在广东晚二叠世含煤地层中，发现大量的成煤植物群，说明这时广东的植物依然繁茂。

　　鳞木生长在热带沼泽地区，是那时重要的成煤植物。鳞木的叶子脱落后，其表面会留下排列规则的鳞状叶座，故称"鳞木"。

兴宁鳞木化石（晚二叠世）

中生代

　　中生代时，广东绝大部分地区上升为陆地，气候干燥炎热，鳞木等植物逐渐消失，适应干旱环境的苏铁类、松柏类等植物逐渐增多。

新生代

　　新生代后，广东各地的森林植物群以被子植物为主。

广东的恐龙化石

白垩纪是恐龙时代的最后荣光,前后延续了将近八千万年。在广东境内的河源、南雄的白垩系地层中,都出土了恐龙骨骼、恐龙蛋及恐龙足迹化石,龙、蛋、足迹化石均有出土,世界罕见。

南雄盆地曾经生活着短棘南雄龙、南雄小鸭嘴龙等各种各样的恐龙。河源现已出土了万余枚恐龙蛋化石,获得"世界最大恐龙蛋收藏"的吉尼斯世界纪录。

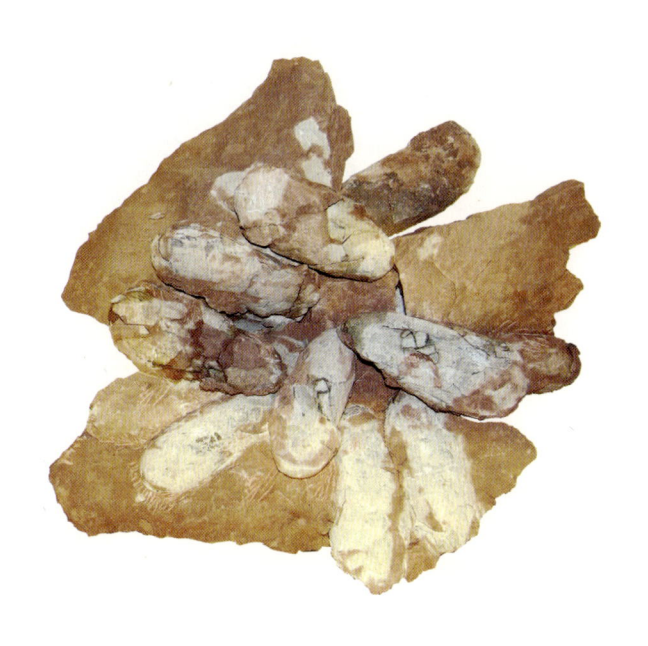

南雄恐龙蛋化石(晚白垩世)

漆木精华
——潮州木雕艺术展览

　　潮州木雕是我国著名的民间传统木雕流派之一，主要流行于粤东的潮州、潮安、饶平、普宁、汕头、澄海、潮阳、揭阳、揭西、惠来等旧潮州府属地区，故名。

　　潮州木雕历史悠久，具有鲜明的地方特色，以饱满繁复、精巧细

腻、玲珑剔透、金碧辉煌的艺术风格而著称于世。那花样繁多、造型各异的器物品类，那生活气息浓郁、民俗意蕴深厚的题材纹饰，那惟妙惟肖、纤毫毕现的雕刻工艺，那豪华富丽、流光溢彩的漆金技法，形象地展示着潮汕人的审美情怀和文化风貌，具有独特的魅力和迷人的风采！

第一篇
源流篇

潮州木雕历史悠久，源远流长。它孕育和萌芽于唐代以前，发展于唐宋，成熟于明代晚期，清代中晚期达到鼎盛阶段，至抗日战争时期逐渐走向衰退。中华人民共和国成立后，潮州木雕几经起伏，逐渐恢复，在传承与发扬中得以创新，风采重现，被列入中国首批国家级非物质文化遗产名录。潮州木雕的发展兴衰，生动地折射着潮汕地区历史和文化的变迁，彰显了潮汕人善于吸收融汇、精益求精、不懈进取的精神。

发展期

潮州木雕历史十分悠久，唐代以前已开始萌芽，这一时期，木雕制品的总体特征是造型简洁，刀法刚劲，风格雄浑，但尚未形成地方特色。

唐宋时期，潮州木雕初具水平，物像造型简洁粗犷，刀法刚劲洗练，风格拙朴浑厚。

成熟期

明代，潮汕木雕逐渐应用到建筑、祭器、家居陈设等方面。至明代晚期，木雕艺人已能综合运用浮雕、沉雕、圆雕和通雕等多种技法，并从平面雕饰向单层通雕发展，技艺成熟，逐步形成地方风格。雕刻题材丰富，物像造型简练，神态生动逼真，刀法明快有力，具有较高的艺术水平。

镇定自若守空城

浮雕"空城计"图花板
明代
长62cm 宽39cm 厚5cm

这件花板以卷草纹围绕装饰，中部开光，以三国"空城计"故事造型，方寸间展现了墙头抚琴的诸葛亮和城下骑马疑猜的司马懿的形象，透视手法增加了城墙的景深，凸显了饱满繁复的效果和身临其境的现场感。人物刻划不拘泥正常比例，合理夸张，人大景小，突出了主体的表现力度。此花板采用了多层次镂通雕技艺，是潮州木雕的代表作品。

漆木精华

兴盛期

清代，潮汕地区社会相对稳定，经济繁荣，木雕装饰成为社会风尚，特别是晚清时期，发家致富的海外华侨，纷纷出资在家乡大兴土木，营造祠堂、居室，雕梁画栋，豪华壮丽，大大推动了木雕艺术的发展。雕刻题材丰富多彩，工艺水平空前提高，多层镂空通雕技术炉火纯青，并与描金漆画、髹（xiū）漆贴金等多种装饰技法相结合，以构图饱满、精巧细腻、玲珑剔透、金碧辉煌的艺术风格而闻名中外。

安居乐业展寿屏

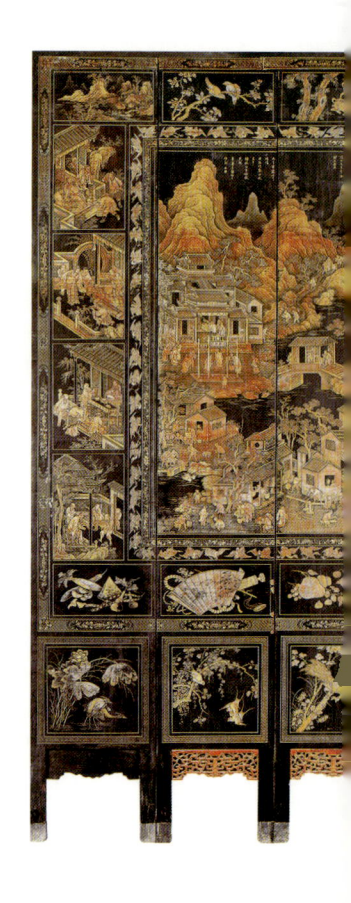

描金漆画"豳风图"大寿屏

清同治
长528cm　宽296cm　厚4cm

寿屏是举行贺寿仪式时由众亲友定制，送给寿主的贵重礼物，规格大小不一，屏数少则6扇，多则14扇，多为双数。

寿屏的装饰面一般分屏肚、方栏、横肚等部分，饰以题材多样的贴金木雕或金漆画，其中首尾两屏装饰最为精美。大型寿屏一般还配有一对精美的屏头狮，设置在屏风左右两侧，显得更加气派。门肚的正面多手写或雕刻贺寿文（又称寿序）。贺寿文的末尾多题写献寿者姓名、籍贯、科举等第、功名记录、官衔职位及与寿主的关系。祝寿时，小寿屏一般设在神龛前的神桌上，大型寿屏则设在祠堂大厅中，呈"八"字形展开，寿屏前设筵席，大宴宾朋，充满喜庆气氛。

这幅大寿屏共分12屏，正面屏心为祝寿

序全文，外围设四重方栏，均以金漆画作装饰，其题材由内至外依次为：连枝花卉、回纹拱寿、人物故事及夔（kuí）龙锦地纹。

该贺寿文由晚清时期广东著名人物何如璋撰写。寿屏背面分为大小80多个装饰面。屏肚漆画由10个条屏式画面组合而成，以《诗经·豳（bīn）风·七月》一诗作题意，生动地描绘了耕种、收获、渔猎、纺织、筑屋、制陶、冶铁、郊游、祭祀等生产生活场面，反映了在传统的自然经济制度下，乡村生活一派祥和、人们安居乐业的美好景象。屏肚外围亦设四重方栏，饰以祥禽瑞兽、蔬菜佳果、江海水族、博古瓶花、书卷画册等纹饰。作品取景宏阔，人物神态生动，场景细腻逼真，具有极强的艺术感染力，是潮州木雕艺术的杰出之作。

漆木精华　121

有凤来仪花满堂

通雕"百花盛开 双凤来朝"图窗花

清代

长79cm　宽33cm　厚4cm

　　这件窗花木雕采用了立视体构图手法，主体居中，画面向周边发散。雕饰为通雕，满面铺开，极尽繁复，两只凤凰上下呼应，多只鸟或驻足嬉闹，或展翅欲飞，或啄食小虫，或喂食幼鸟，动态逼真。装饰牡丹、荷花、菊花、茶花、梅花等四季花卉，分别寓意富贵、清雅、高洁、永恒、坚贞等品质，花叶相连，寓意吉祥。

　　"百花盛开""双凤来朝"是潮州木雕常见的装饰题材，表现了潮汕地区民众祈求富贵、平安、吉祥、如意的美好愿望。

篓精蟹肥寓吉祥

通雕蟹篓形梁托

清代

长38cm　宽25cm　高9cm

　　这件蟹篓形梁托具有极强的装饰效果，虽然金漆有些剥落，但通透的篓子、动态各异的肥美螃蟹，依旧活灵活现。同时，它还是建筑梁架构件，起承重作用，做到了实用与装饰有机结合。

　　蟹篓最早用作建筑横梁上的装饰，是清朝末年潮州木雕奇才黄开贤发明的。传说黄开贤见到渔夫挑着蟹篓匆匆赶往夜市，篓中的螃蟹在灯火的逗引下爬进钻出，憨态可掬。这幅生趣盎然的日常小景启发了黄开贤的艺术灵感，他经过研究和无数次的试验，终于雕制成了半畔蟹篓，装饰在潮州青龙古庙里，轰动了潮州城。从此蟹篓就成为展示潮州木雕艺术技巧的重要题材之一，半畔蟹篓也逐渐向圆雕蟹篓转变，成为独立的雕刻陈设。

　　在广东，蟹和民间习俗有关，在粤语发音中，蟹和"喜"接近，象征喜庆吉祥；民间称螃蟹的螯（áo）为夹子，而"夹"与"甲"谐音，古时科举殿试有三甲之分，所以螃蟹亦寓意科举高中。因此，人们喜欢以"蟹"为题材做装饰品，新娘也会佩戴蟹形金饰。

漆木精华

衰退期

民国时期，由于潮州木雕赖以生存的传统社会结构和民俗文化急剧转型，民众的审美趣味渐趋西化，昔日繁荣的潮州木雕业终于盛极而衰。抗战时期，社会动荡，经济衰退，民不聊生，更加速了潮州木雕业的整体衰退。

浮雕洋车人物图花板

民国

长34cm 宽16cm 厚2cm

这件花板以人物为题材，绿色边框里面镶嵌着金色木雕，其间是机动车和人力车一前一后，表现了洋车和司机、人力车夫与乘车人的形象，乘客或轻摇扇子，或和司机交流，浮雕形象生动，呼之欲出。

潮州木雕艺人往往关注生活，喜欢从生活中汲取创作灵感。民国时期，清之遗韵还在，西风东渐，街头上人力车和机动车载客游走的景象并存，艺人以此创作花板，贴近生活，匠心独具。

西风东渐新旧替

金漆木雕博古人物故事图小神龛

民国
长37cm 宽28cm 高15cm

  小神龛，一般形制较小，不高于1米，适用于潮汕家庭摆放，一般供奉家族祖宗的牌位，每天进行祭祀活动，就是俗称的"拜拜"。

  此件神龛，采用金漆木雕手法，雕饰以葡萄纹、博古物件、草叶纹等装饰。中心画面为山水人物故事，黑漆装金，色彩对比鲜明，风格华丽庄重。

复兴期

中华人民共和国成立以来,潮州木雕几经起伏,在传承与发扬中获得了新生,木雕制品以满足当代人审美需求的独立摆件为主,在题材、构图、造型、技法等方面均有突破,历史悠久的潮州木雕艺术绽放出新的光彩。2006年潮州木雕被正式列入中国首批国家级非物质文化遗产名录,成为中华民族的宝贵文化财富。

螃蟹奋发求新生

通雕蟹篓

现代
长29cm　宽12cm　高32cm

此作品以整块樟木雕刻而成。作者运用娴熟的多层通雕和圆雕技艺,由外而内,逐层雕镂,粗雕细琢,将蟹篓内外形态各异的十只螃蟹刻划得栩栩如生。

潮汕靠海吃海,螃蟹是餐桌上常见的食材,也是潮州木雕中展现技艺的重要题材。在潮汕,"蟹篓"往往由整块木头雕刻而成,多呈现小螃蟹从篓内往外爬的丰收情景。

第二篇
制作篇

潮州木雕经过上千年的发展，在材料、工具、技法等方面自成特色。木雕艺人选择合适的木料，精心构思，因材施艺，运用不同的工具和独特的雕刻技法，制作出一件件精美的作品。

材料

潮州木雕所用材料主要有木料、漆料、颜料、金属粉箔等四类。所用木料主要有樟木、杉木、苦楝木、花梨木等多种，以樟木、杉木最为常见。漆料多为植物漆，经过调剂，髹（xiū）涂于木雕器物的外表，起保护、装饰之用。颜料、金属粉箔则按实际需要描绘或粘贴于器表，进一步强化装饰效果。

潮州木雕流行粘贴或髹涂金属粉箔的装饰手法，所敷贴的金属粉箔主要有金箔、银箔、锡箔、铝箔、铜粉等，其中以金箔最为常用。髹漆贴金装饰是潮州木雕的主要特点之一，故潮州木雕又有"金漆木雕"之称。

工具

潮州木雕艺人所用的工具多种多样，按其功能可分为选材取坯工具、雕刻工具、调漆工具、打磨工具、髹涂工具、描绘工具、敷贴工具等七大类。

漆木精华

雕刻技法

潮州木雕的传统雕刻技法主要有沉雕、浮雕、通雕和圆雕四种，其中多层次的镂通雕最具特色。木雕艺人可根据不同的装饰部位和艺术要求灵活运用，各施其技，力求做到美观实用。

沉雕花鸟图花板

清代
长36.5cm　宽12.2cm　厚2.4cm

　　沉雕即阴刻，图案纹饰低凹于木料平面，雕刻简便省工，纹饰不易受损，多用于房门、屏风门、橱柜门等建筑和家具饰件上容易受损的部位。纹饰以花木虫鸟最常见。构图疏朗，刀法简练，画意浓郁。
　　这块花鸟花板采用沉雕工艺。在略成弧形的黑漆板上用刀雕刻，图案因此露出材质的本色，图案与材质形成鲜明的对比。

阴刻花鸟露木色

高浮雕双凤牡丹纹花板

清代

长44cm　宽16cm　厚4cm

　　浮雕又称阳雕，所雕图案纹饰凸起于木料平面，并有地子作衬托。按图案纹饰浮凸的高低又有浅浮、中浮、高浮之分。通常，浮凸1厘米属浅浮雕，浮凸2厘米的属中浮雕，浮凸3厘米以上的属高浮雕。

　　此花板以寓意吉祥的凤凰牡丹为题材，高浮雕精雕细作，构图唯美，周边装饰以黑地素色缠枝纹饰，典雅富丽。

　　凤凰牡丹，是潮州木雕中常见的题材，有"凤凰戏牡丹""丹凤朝阳""凤凰朝牡丹"等样式。自古凤凰被尊为百鸟之王，是祥瑞的象征。唐代以后，各种质地的工艺品常以牡丹作纹饰，以此作为繁荣昌盛、美好幸福的象征。

惟妙惟肖雕花板

五福临门饰窗花

锯通雕"五福临门"纹窗花

清代

长55.5cm　宽28cm　厚3cm

　　通雕又称透雕，是吸收沉雕、浮雕、圆雕和绘画的长处，融合变通而成的，物像形体作多层次布局，物像之外的部位通体穿透。通雕层次的多少，视材质厚薄和雕刻技艺高低而定，少则二三层，多则四五层，超过七层者极为少见。通雕又分锯通雕、多层镂通雕两种形式。

　　这扇窗花采用锯通雕工艺制作而成。锯通雕是先在裁截好的木料上画好图样，然后用钢线锯沿着图样的轮廓线锯出所需要的图像，再以雕刻刀修整锯通的洞眼并对图像略加雕饰而成。锯通雕制作简单便捷，宜于表现线条规整的单层景物。

圆雕狮子

清代

长30cm 宽21cm 高14cm

　　圆雕是立体雕刻，物像形体的四面皆可欣赏。其技法是先将多余的部分锯去，粗雕出主体和陪衬部分的轮廓，再从上至下、由表至里，逐层凿削，先粗雕，后细雕，再细刻磨光部分。圆雕多用于建筑饰件、礼祭器具以及家具陈设的局部构件。

　　这对狮子一雌一雄，姿态威严，极具王者风范。雌石狮子脚下踩着一只小狮子，雄石狮子脚下踩着一个绣球。它们双目圆睁，鼻子宽大，嘴巴大张可见其牙，竖起两只招风耳，身边都围着几只调皮的小狮子。这对狮子的雕刻技法集圆雕、透雕、浮雕于一身，狮子的卷须和鬃毛等细微处雕刻分明，工艺精湛。

制作工序

　　潮州木雕的制作有一系列的工艺程序，以髹（xiū）漆贴金木雕为例，其制作过程可分为整料、起草图、上草图、凿粗坯、细雕刻、髹漆贴金等六道工序。

精雕狮子展威严

漆木精华

第三篇

器用篇

明清以来，潮州木雕日趋流行，广泛应用到建筑装饰、礼祭器具、家具陈设等各个方面，并以精湛的技艺、华丽的气派而成为潮汕地区广大民众普遍追求的社会时尚。

建筑饰件

潮州木雕在祠堂、庙宇、民居等传统建筑上的应用十分广泛，其中以祠堂木雕装饰最为精美，门厅、廊庑（wǔ）、拜亭、梁枋（fāng）、屐头、挑檐、柱头、门楣、屏风、隔扇、门窗、栏杆、缠罩、檐板等部位大多饰以精巧细腻、金碧辉煌的木雕构件，整座建筑显得富丽堂皇，令人叹为观止。

金漆木雕鱼龙纹雀替

清代
长93cm　宽25cm　厚30cm

　　在潮州，雀替又称梁角花，常安装于立柱与横梁的交角处，起加固、装饰作用。它的雏形可见诸北魏，宋元之后，雀替从实用构件逐渐发展成装饰构件，轮廓由直线转变为柔和的曲线，由方形变成更丰富、更自由的多边形。于是雀替便有了有龙、凤、仙鹤、花鸟、金蟾等各种形式及雕法。
　　这件木雕作品龙首鱼身，呈现翻卷腾跃的姿态，象征着从鱼向龙的转化，其寓意为时来运转、腾达高升。

鱼龙赫赫守家堂

漆木精华

礼祭器具

潮汕地区民间祭祀习俗繁复，游神赛会活动热闹非凡，婚庆、寿礼等人生礼仪性活动铺张豪华，礼仪、祭祀、游神等活动中所用器具十分讲究。古色古香、金碧辉煌的金漆木雕器具既可显示财富地位，又可渲染活动气氛，因而大为流行，神龛、神亭、神轿、神椅、香几、宣炉罩、糖枋（fāng）架、寿屏、果碟、馔盒等礼祭器具无不精雕细刻，装潢华丽，成为潮州木雕的重要门类。

四方游走送吉祥

金漆木雕神轿

清代
长74cm　宽74cm　高100cm

　　神轿是大型祭祀器物，平时放置于祠堂或寺庙中，举行迎神祈福活动时，将神像安放于交围椅上，由青壮年男子抬着参加游行。神轿一般由轿围屏、交围椅、中盘、轿脚和底座五部分构成。中盘两侧各有一前后贯通的方孔，平时以大小相同的木雕饰件封闭以保持外观完整，举行迎神活动时取下，将轿杠从方孔中穿过，便可抬着神轿参加游行。

迎神祈福接好运

金漆木雕神亭

清代

长78.2cm　宽78.2cm　高214cm

　　神亭是大型祭祀器物，平时放置于祠堂或寺庙中，每年初春举行迎神祈福活动时，将神像安放于亭内的交围椅上，通过神亭中间的正方形孔洞，穿插轿杠，一般由8至12名青壮年抬轿，穿街游行。

　　这座神亭由亭体、亭基、亭脚和亭座四部分组成。亭体自下而上分三层，为楼阁式架构。首层四角各立一根盘龙柱，门额为黑地，书"王道荡平"四个金字。王道即圣明君王之道，引申为通天大路之意；荡平即修平，化坎坷陡峭为平坦之意。殿堂内设一套描金人物山水小屏风，各侧面里外皆镶嵌人物故事、水族鸟兽花板。二层装饰工艺较为繁复。三层为单檐歇山式屋顶。亭基四面饰描金人物故事、花鸟纹漆画。亭脚四足为外翻式，以圆雕狮子作承托。底座以黑漆描金花鸟纹作装饰，朴素庄重，不易损坏。

漆木精华　135

崇宗敬祖心意虔

金漆木雕大神龛

1935年

长231cm　宽145cm　高330cm

　　这件金漆木雕大神龛体量庞大，题材多样，内涵丰富，雕饰精美，综合运用了多种工艺，尤其采用了多层次镂通雕技艺，是潮州木雕的代表作品。

　　神龛的两扇门由十二部分装饰而成，上面采用多层次的镂雕进行刻划，极富立体感。在神龛的门肚部分雕刻着"王茂生进酒"和"郭子仪祝寿"两个潮剧故事场景。神龛上的其他图案也富有寓意，比如喜鹊飞上梅花树的树梢代表"喜上眉梢"，梅花鹿和仙鹤的图案寓意"俸禄"和"长寿"，体现了潮汕地区独有的文化习俗和家族精神。

　　神龛是祠堂家庙必备的礼祭用具，一般放置在宗祠内，形制有大小之分，大者称神龛，小者俗称椟仔。神龛内部常作厅堂格式，置一小屏风，小屏风上多饰以描金漆画，或只是漆书或雕刻文字，记录祖先的姓名、生卒年月及生平功德。有的内部设梯级，以供奉更多的神位。祭祀祖先时，打开神龛门，在神龛前置几案摆放香炉、灯烛、供品，用以拜祭。

136　广东省博物馆

为了显示家族的财富和地位，神龛整体造型庄重，做工更是极为讲究，以金漆木雕装饰最常见。特别是大神龛，常常以木雕、金漆画等技法装饰诸多潮剧戏曲，以达到娱神、教化的效果，而众多有吉祥寓意的动植物纹样则寄托了人们对美好生活的向往和追求。

家具陈设

潮汕民间的家具及陈设用品常以金漆木雕作装饰，色彩红艳，气氛祥和。其主要品类有眠床、几案、桌椅、橱柜、梳妆台、纸媒筒、灯芯筒以及小屏风、镜屏、圆雕狮子等摆设物。

花中之王贺五福

金漆木雕牡丹如意

清代

长40cm 宽14cm 高10cm

如意形制由古代寺院中僧侣所用的挠痒之物"不求人"演变而来，又称"握君""执友"或"谈柄"，是富贵人家的日常陈设和贺寿礼品，象征吉祥如意、驱邪避灾，承载祈福禳灾的美好愿望。

此件如意是以通雕、圆雕技法用整块木料雕刻而成，木雕艺人以连枝牡丹构形，三朵牡丹花粲然开放，两朵含苞欲放的小花蕾点缀其间。枝条自然舒展，重重花瓣各具情态。作品构思巧妙，形态逼真。细致入微的雕工和娴熟高超的贴金工艺使整件如意显得十分华美富丽。

牡丹花又称富贵花，五朵牡丹暗合吉祥数字"五"。

"正月一日为岁之朝"，古人讲究"岁朝清供"，即在新年的第一天，在室内案头陈列鲜花或清雅器物，在新的一年为全家祈福，求事事如意。这件如意便是其中广受欢迎的新年岁供用品。

漆木精华

精品展示

广东省博物馆的潮州木雕精品众多，这些以饱满繁复、精巧细腻、玲珑剔透、金碧辉煌的艺术风格而著称于世的木雕，不仅展示了潮州木雕艺人的高超技艺和独特风格，也反映了潮汕地区的历史文化和审美情趣。它们不仅是祭祀器具，多数还具有实用功能，具有较高的艺术价值和文化价值。

香气缭绕满室香

金漆木雕薰炉罩

清代
长26cm　宽25.6cm　高27.7cm

薰炉罩，又称宣炉罩、香炉罩，由底座和罩盖两部分组成，以六角形和方形最常见。大多作髹（xiū）漆贴金装饰，素雕者较少。罩盖顶部开孔，四周嵌饰精美的花板，有人物故事、花鸟、水族、博古等纹饰。平时可将熏炉置于熏炉罩内，陈设于家中厅堂和书房的几案上。每逢喜庆之日或祭神祀祖时，便将薰炉取出，置于罩盖上，点燃炉中的香料，香气缭绕，满室生香，令人心旷神怡。

博古纹泛指绘制在古器物上的以瓷、铜、玉石等为题材的装饰图案，也称"博古图"，后加以引申，以鼎、尊、彝、瓷瓶、玉件、书画等为题材的纹饰，均被称为博古纹。清代瓷器上多以此为装饰纹样，有的还点缀玉如意、古琴、象棋、围棋等文玩，显示了古人的闲情雅致。潮汕器物上的博古纹，也将当地生活中的器物，如馔盒、糖果架、薰炉罩、烛台座一并纳入进去。

美味佳肴奉祖先

金漆木雕长方形馔盒

清代

长60cm　宽21cm　高42cm

　　馔盒，主要流行于广东潮汕地区、福建莆田地区，是传统祭祀活动中用于盛放祭品的器物，是重要的木雕礼器，集木作、雕刻、漆艺、贴金、彩画等诸多工艺于一体，精美细腻。

　　此馔盒为长方形，由底座、盒盖和果盘三部分组成，盒盖顶部髹黑漆，四面嵌饰木雕人物故事、吉花祥鸟、珍禽瑞兽等纹饰，围以图案纹样枋（fāng）栏，精雕细刻，玲珑剔透，华丽庄重。平日陈设于家中厅堂的几案上，祭祀时将馔盒置于神案上或神龛前，打开馔盖，将底座和果盘叠放在盒盖上，摆上贡果，祭拜如仪。

漆木精华　139

茶香四溢飘市井

金漆木雕茶担

清代

长78cm 宽50cm 高37cm

　　此件茶担，主体框架以黑漆为地，框格里装饰金色木雕，铺满繁复的吉祥图案，庄重大方而富丽典雅。顶部有木格茶盘以摆放茶具。

　　茶担是一种礼仪用具，平时存放于祠堂、善堂，每逢民间举行游神赛会活动时用来挑担茶水、茶具，随游行队伍巡游，向负责游神活动的人员提供茶水，同时亦借此显示游神队伍的不凡气派。

　　一副茶担，一般是其中一个放火炉、木炭，另一个放茶具、茶叶。在民间游神中，由专职人员挑在肩上，他们随游行队伍前行，还能边走边泡茶，且茶汤不会溢出。

第四篇
欣赏篇

潮州木雕题材丰富，意蕴深厚，工艺精湛，风格独特，是一种实用性与装饰性兼具的民间艺术，与潮汕文化有着千丝万缕的联系，具有独特的历史、文化和艺术价值。

堂前糖果敬先人

金漆木雕开光人物花果纹糖果架

清代

长85cm　宽18cm　高59cm

　　糖果架是潮汕地区的祭祀用品，放置在祠堂神龛和祖宗牌位前，用以盛放糖果点心。

　　此糖果架为展卷式，通体以黑漆隔条分作26个宽窄、大小不等的装饰面，嵌饰锯通雕、多层镂通雕花板，融人物、花卉、瓜果、博古、瑞兽等多种题材于一体。正面10个透窗对称排列，使整体的装饰性和空间感大大增强，充分展示了木雕艺人的奇思巧艺。

龛前瓶花金灿灿

金漆木雕龛前瓶花

清代

长61cm 宽24cm 高13cm

  龛前瓶花是潮汕地区传统祭祀器具之一，使用时摆放在神龛前的两侧。它以精美的雕刻工艺和独特的造型，成为展现潮汕地区民俗风情和审美情趣的重要载体。

  此龛前瓶花瓶座部分为六棱形，腹部以黑漆为地，绘饰人物故事、山水图金漆画；肩部饰金线，左右两侧浮雕对称式双狮耳，颈部绘花鸟博古纹金漆画。瓶口开榫（sǔn）眼，以整块木料雕刻菊花、茶花、石榴等花卉，精致华贵。

金漆木雕二十四孝图大寿屏

清光绪

长528cm　宽316cm　厚55cm

　　金漆木雕二十四孝图大寿屏以"二十四孝"故事为主题，通过精细的雕刻工艺和金漆装饰展现出独特的艺术魅力，是难得的寿屏精品。

　　"二十四孝"是中国古代流传下来的一组关于孝道的故事，这些故事被广泛传播，成为中华民族传统美德的重要组成部分。以"二十四孝"为主题的金漆木雕大寿屏，不仅展示了精湛的雕刻技艺，更蕴含着深厚的孝文化，是尊敬和祝福长辈的象征。

二十四孝彰美德

漆木精华

鸟语花香美如画

通雕花鸟纹花板

清代

长53cm　宽21cm　厚3cm

这组花板共四件，采用通雕技法，刻画了牡丹、莲荷、秋菊、茶花等名花并以小鸟、丹凤、芦雁、秋蝉、蚂蚱等穿插、点缀其间，呈现出一派生机勃勃的景象。作品纤巧细腻，饱满繁复，玲珑剔透，充分展示了潮州木雕的艺术特色。

九蝠翩翩绕寿边

通雕"九蝠捧寿"纹龛门肚

清代

长68cm　宽40cm　厚4cm

　　龛门肚特指神龛门正中的主体部分，即门肚区域。它是神龛的重要部位，往往采用多层镂空双面通雕技法，呈现出层次丰富、立体感强的画面效果。这种技法要求雕刻师具备高超的技艺和丰富的想象力，能够在有限的木料上创造无限的艺术空间。龛门肚上的图案内容丰富多彩，既有传统的吉祥图案如蝙蝠（寓意"福"）、寿桃（寓意"长寿"）、莲花（寓意"纯洁高雅"）等，也有历史故事、戏曲人物等题材。这些图案不仅具有装饰作用，还寄托了人们的美好愿望和祈福之意。

　　这件龛门肚为通雕技法的"九蝠捧寿"。在中国传统文化中，蝙蝠因谐音"福"而被视为吉祥的象征。"九蝠捧寿"，寓意多福多寿，表达了人们对幸福生活的向往。

漆木精华

瓜果佳器巧工藏

金漆木雕人物故事图菱形馔盒

清代

长48cm 宽12cm 高28cm

  馔盒是岭南地区特别是广东潮汕地区祭祀活动中常见的装果脯的盛器。它一般由底座、盒盖、果盘三部分组成，有的还包含果盘架，形成多层结构。馔盒不仅用于祭祀时盛放供果，还常作为富裕之家置放果点的器具，平时则摆放在祠堂神案上或神龛前。

  馔盒应用历史悠久，最迟在明代已开始应用，清代尤为盛行。起初馔盒多为单层，后来，逐渐出现双层、三层结构，果盘也分为三至五格。在装饰工艺上，从单一到加罩，金漆木雕与描金漆绘相结合，使得馔盒日益精致。清嘉庆至咸丰年间，潮州地区的馔盒精彩纷呈，运用金属、贝壳等多种材料加以装饰，形成了独特的艺术风格。如今，馔盒已成为研究岭南地区历史文化和民间艺术的重要实物资料之一。

  这件菱形馔盒的造型独特，线条流畅，工艺复杂，每一处细节都精雕细琢，既符合审美需求，又便于摆放和使用。

喜鹊登梅报吉祥

浮雕"喜鹊闹梅"纹花板

民国
长93cm　宽14cm　厚3cm

　　这对花板以纯熟的浮雕技法雕成，梅树枝干苍劲虬曲，梅花或含苞欲放，或灿然盛开；枝头上几只喜鹊或亭亭玉立，或振翅欲飞。一动一静，遥相呼应，闹意全出。作品构图疏朗，画意浓郁。

　　在中国传统文化中，喜鹊和梅花都承载着丰富的象征意义。喜鹊被视为报喜的使者，是吉祥、喜庆的象征。梅花则以高洁、坚韧的品质著称，被视为不屈不挠、坚贞高洁的代表。将喜鹊与梅花相结合，创造出"喜鹊闹梅花"的场景，表达了一种吉祥、喜庆而又坚韧不拔的美好寓意。

漆木精华

第五篇
艺术篇

潮州木雕经过一代又一代艺人的实践和摸索,不断吸收其他门类艺术的精华,融中国传统文化和地方民俗文化于一体,并迎合潮汕人的审美情趣和生活需求,逐步形成了题材丰富、构图饱满、精巧细腻、玲珑剔透、金碧辉煌的艺术特点,成为中国民间传统木雕的一朵奇葩。

题材内容 丰富多彩

潮州木雕题材广泛,内容丰富,除了历史典故、戏剧故事、人物山水、吉祥图案等传统题材以外,还包括人们喜闻乐见的地方风物、民间传说、民俗生活等内容,具有浓厚的生活气息和鲜明的地方特色,概括起来可分为三大类,即人物类、自然物像类、几何图案类。

人物类

人物类题材包括民间广泛流传的历史典故、戏剧曲艺、民间故事、神话传说以及现实社会生活等方面。特点是以人物为中心,具有一定的故事情节,符合传统的伦理道德观念,既可满足人们的审美需求,又具有成教化、助人伦的作用。

通雕郭子仪庆寿图花板

清代

长72cm　宽47cm　厚5cm

　　此件花板，为"之"字形构图，人物多，层次丰富，雕工精，技法多样，繁复而细腻，饱满而剔透。

　　郭子仪庆寿是潮州木雕的传统题材。郭子仪为唐朝大将，华州郑县（今陕西渭南市华州区）人，以武举累官至天德军使兼九原太守，因平定安史之乱有功，乾元元年迁中书令，封汾阳郡王。郭子仪享寿84岁，官运亨通，子孙满堂，在封建社会被尊为"富贵寿考""繁衍安泰"的象征。

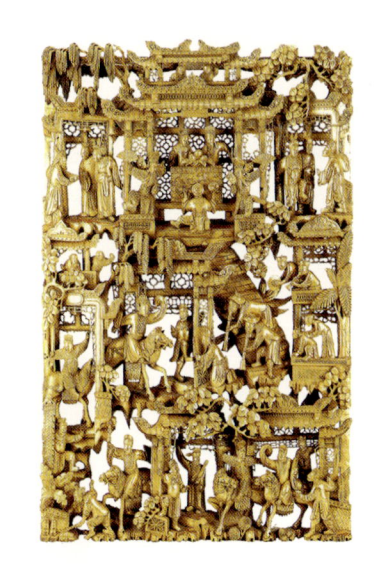

富贵寿考荫子孙

自然物象类

　　自然物象类题材是指以动植物、山水风景等自然景物以及人们日常使用的各类器具什物为主体，或直接描绘刻划，或按一定的主观意念，以自然为母本，创造出不同寓意的各种吉祥图案，从侧面反映了人们崇拜祖先、追求富贵、祈求吉祥、向往功名以及忠、孝、节、义等传统思想观念。

通雕鱼藻纹花板

清代

长28cm　宽15cm　厚2cm

　　此花板以水景为题材，表现鱼戏水藻间的景象，水草漂浮水面，水藻招摇水中，鲤鱼出没其间，一派欢乐祥和的情境。鱼和水藻繁殖力强，也有生生不息、子孙兴旺的意义。

悠游溪流鱼之乐

漆木精华

几何图案类

　　几何图案类题材是指由点、线以及正方形、三角形、六角形、圆形等几何形体组合成具有审美价值的图像，主要用于门窗、横披、格窗以及多层镂通雕的"地子"。主要形式有：步步紧、拐子纹、回纹、套环、龟背纹等，雕刻手法以锯通雕为最多，具有较强的装饰效果。

几何窗花映吉祥

金漆木雕几何纹窗花

清代

长78cm　宽50cm　厚6cm

　　这件几何纹窗花由四瓣花、圆形、六边形、十字形构成，中间的几何纹金光闪闪，四边木料髹（xiū）黑漆，间隔以金线装饰，即"黑漆装金"。几何图形按一定规则分割窗口平面，形成各种具有美感和吉祥寓意的图案。

150　广东省博物馆

形式多样的构图布局

潮州木雕善于充分利用空间，物体的形象平铺陈列，不作或少作重叠，各个物象清晰可见。惯于将不同时空的人物或场景安排在同一个画面中。画面结构常作对称布局，主体物象居中，次要物象作左右或上下对称安排，具有构图丰满、布局匀称、和谐庄重的艺术特点。其构图布局可概括为三种形式：格律体构图、平视体构图、立视体构图。

格律体构图

格律体构图是以曲、直、方、圆等几何形体为架构，在规矩中求变化，通过巧妙构思，从上下、左右、大小、主宾、虚实等方面灵活安排，创造出千差万别又结构严谨的图案，具有交代清楚、脉络分明、均衡匀称、节奏感强的特点。

通雕丹凤朝阳图帐顶构件

清代

长42cm 宽42cm 厚3cm

此件帐顶构件取用"丹凤朝阳"的传统吉祥典故，居中通雕一单脚站立的凤凰，站于牡丹花枝上，展翅振羽，回首傲视，四边平列铺陈缠枝纹饰。构图丰满，主体突出。

> 丹凤朝阳求好运

缠枝花卉纹，以各种花卉枝叶缠绕，呈现连绵不断的形式，因首尾相连看不到尽头而被称作万寿之花，为古人喜闻乐见。常见的有缠枝牡丹、缠枝莲花、缠枝菊花、缠枝灵芝等。

"丹凤朝阳"是中国传统吉祥图案之一，有完美、吉祥、前途光明的含义，民间常将"丹凤朝阳"作品陈列于家中，以求好运。

漆木精华 151

平视体构图

平视体构图是把物象的个性、特征加以概括提炼，适度夸张变形，突出轮廓特征，然后将其形象用编排、重复的方式安排成一个平面，无远近透视，形象的重心在一条视平线上，作平面处理。构图自由，富于装饰性，多用于自然物象类题材。

博古纹饰饰窗花

通雕博古纹窗花

清代

长79cm　宽38cm　厚5cm

　　通雕博古窗花是潮州金漆木雕饰件。此件窗花以博古纹为主题。博古物件丰富，博古架上的花瓶中插有牡丹、菊花、梅花等，仙人、仙鹤、葫芦等分布窗花中，下方雕有狮子和螃蟹。狮子寓意加官晋爵、官运亨通，螃蟹表示必登甲第。

　　潮州木雕中，博古类也是一种数量较大的类别，相关题材既有传统的青铜礼器文玩，也有潮汕日常祭祀用具。

立视体构图

　　立视体构图是在平视体的基础上，作散点透视，以大观小，空间不受透视的限制，根据需要对衬景进行灵活取舍，突出人物主体。其表现手法主要有两种：一是主体居中，画面向两边发散，多用于人物故事类题材；二是同时看物象的左右侧面，倾斜度小于45°，多用于浮雕博古花鸟等纹饰。

通雕赵云救阿斗图花板

清代
长66.2cm　宽20cm　厚6cm

　　通雕赵云救阿斗图花板以多层镂空的通雕技法，描绘了《三国演义》中赵云救阿斗的故事，平铺式的画面分别展现了赵云救阿斗和刘备获悉阿斗得救喜讯的两个场景。

阿斗被救报喜讯

灵活多变的艺术手法

为迎合人们的审美趣味,并使不同的装饰部位均能达到理想的观赏效果,木雕艺人经过长期的实践,摸索出多种独特的艺术处理手法,如周身布饰、巧设路径、合理夸张等。

周身布饰

潮州木雕追求饱满繁复的效果,其中以清代鼎盛阶段的木雕作品最为显著,人物、景观、花鸟等题材常常布满整个装饰面。

通雕仙人花卉博古纹神龛门肚

清代
长69cm 宽43cm 厚5cm

潮汕人敬宗尊祖,作为祭祀礼器的神龛备受重视,因而在神龛之上会有不遗余力的繁复雕饰,神龛也成为集中展现工艺和用材的地方。龛座、龛脚、框架、龛楣都有纹饰,门额、门肚往往都有通雕装饰。

此件神龛门肚中间为菱花形开光,开光内博古架上雕刻花瓶、花篮、菊花及骑狮人物等纹饰。开光外四角,分别饰汉钟离、张果老、曹国舅、何仙姑四仙驾兽腾云图,并以仙童相伴。

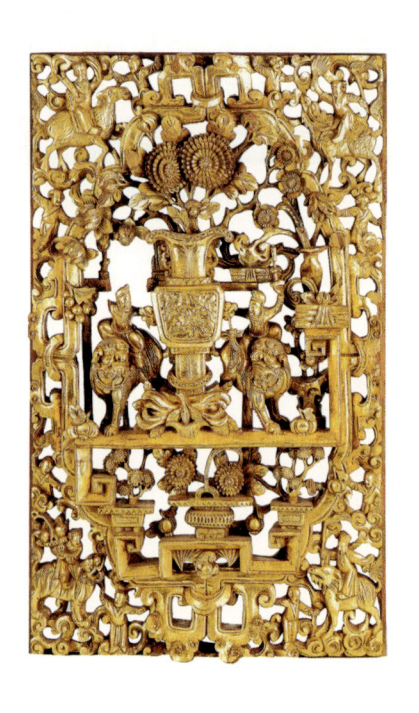

仙人骑兽云中行

巧设路径

为了在有限的装饰面上表现尽可能多的情节内容，木雕艺人往往按照故事情节的发展顺序，截取典型的画面并将其分成几个部分，排列成"之"字形或"S"形，并且注意处理好人物神情、动态的相互呼应和时空过渡，从而组成一个有分有合的整体。

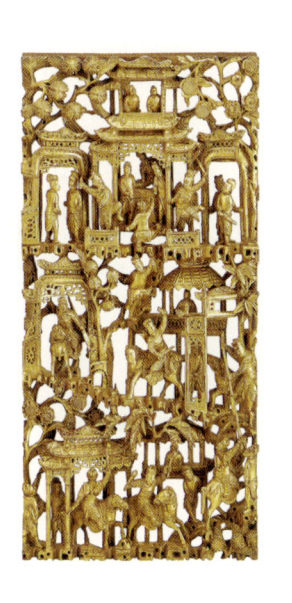

戏目繁多饰楣花

通雕"黄飞虎反五关"图龛楣花

清代

长39cm　宽19cm　厚2cm

　　神龛的门内有龛楣，分内楣和外楣，均有雕饰，称为楣花。
　　此件楣花取材自《封神演义》以及潮州戏中"黄飞虎反五关"的故事。按照故事情节的发展，人物以"S"形排布，神情生动，动态鲜明。人物的动态、手势深受潮州戏曲的影响，古意十足。

合理夸张

潮州木雕惯于采取合理的夸张手法，突出表现雕刻题材的动人之处，增加艺术感染力。其夸张处理主要体现在对人物动作、体态的刻划上，强调动势，用动作来表现人物内心。人物刻划不追求正常比例，常常突出头部，头大身小，人大景小，增强了整体装饰力度。

金漆铁线描图案

金漆木雕群狮漆画人物故事图菱形馔盒

清代

长29cm 宽14cm 高22cm

此件馔盒的座面一侧镂通雕太狮少狮，另一侧雕"羲之爱鹅"图。顶部为菱形托盘，共分八格，转角处饰圆雕牡丹花形柱头。盒盖为棱形，外表髹（xiū）黑漆，以铁线描工艺精绘祝寿图及人物山水、博古花卉、喜鹊闹梅等纹饰。器座的六边形底板髹黑漆并描金线；座足为翻卷式，足间牙板浮雕卷草纹。

传统的潮州铁线描工艺一般是先在黑漆推光板面上绘图并贴金，然后用尖细的铁笔勾勒图案花纹的轮廓和细部，金漆画在黑漆底色的衬托下，显得艳丽夺目。

数艺并施

潮州木雕往往集雕刻、髹漆、贴金、绘画等多种工艺于一身，综合应用，数艺并施，色彩艳丽，豪华庄重，在中国木雕艺术中自成一格。

金漆木雕人物故事图嵌书画桌屏

清代
屏头狮：长17cm　宽11cm　高56cm
屏风：长148.5cm　宽92cm　厚4cm

此套屏风由九件条屏和一对屏头狮组成，屏扇装饰由下至上分五层，首层均雕饰变形夔（kuí）纹；其上是屏扇的核心，镂通雕"空城计""擒孟获""罗成叫关"等人物故事图。第三层镂雕瓶花、鱼藻、花鸟、博古等纹饰；第四层以通雕缠枝葡萄纹作边框，内置绢本设色水墨画和书法条幅；顶层雕饰花鸟纹。围屏两侧以屏座固定，屏座底部为"T"形，上设立柱，柱头饰圆雕狮子戏球，立柱三面以通雕夔龙纹牙条作站牙，具有加固立柱的作用。

整套围屏综合运用了多种艺术表现手法，题材丰富多样，雕刻精美，是难得的木雕精品。

诸多技艺集一身

漆木精华

独具特色的总体装饰

潮州木雕非常注重木雕器物或场景性木雕装饰的总体设计，在满足实用功能的前提下，注意从多方面进行周密设计。其总的特点是讲究整体对称均衡、和谐协调，具有豪华而又庄重的总体风格。其总体装饰主要有黑漆装金、五彩装金、本色素雕三种。

金漆彩漆施木雕

金漆木雕彩漆画菱形馔盒

清代

长34cm　宽23cm　高26cm

此件馔盒为菱形构造，施用金漆木雕工艺，盒盖有戏曲彩漆画作装饰。馔盒基座足部外翻，六只圆雕压脚狮各具神态；束腰、围栏等部位通雕卷草纹，圆雕花卉栏柱头。整体通雕人物故事、珍禽瑞兽、博古雅物等。雕工精细入微，人物形象生动。

浮雕状元及第花板

清代

长92cm　宽49cm　厚3cm

　　此花板采用浮雕、通雕等技法，雕刻部分用金漆髹（xiū）饰，底纹涂以朱漆。主图案由五个人物组成，状元身骑骏马，头戴乌纱帽，身穿官服，身旁围绕着两人开路，后面两人手持"状元""及第"牌匾。辅助图案两幅，均为博古器物和花卉雕饰。

　　"状元及第"是潮汕木雕传统图案，用于祠堂建筑、祭祀用品和生活器物之中。

　　潮汕地区自古就有"重视文教，追求功名"的传统，唐代韩愈被贬潮州，把中原先进文化带到了岭南地区，极大地推动了潮州地区的文化发展。潮州崇学风气日起，也影响了潮州木雕，出现了不少寄托读书求取功名、实现理想的作品。

重文崇学求功名

漆木精华

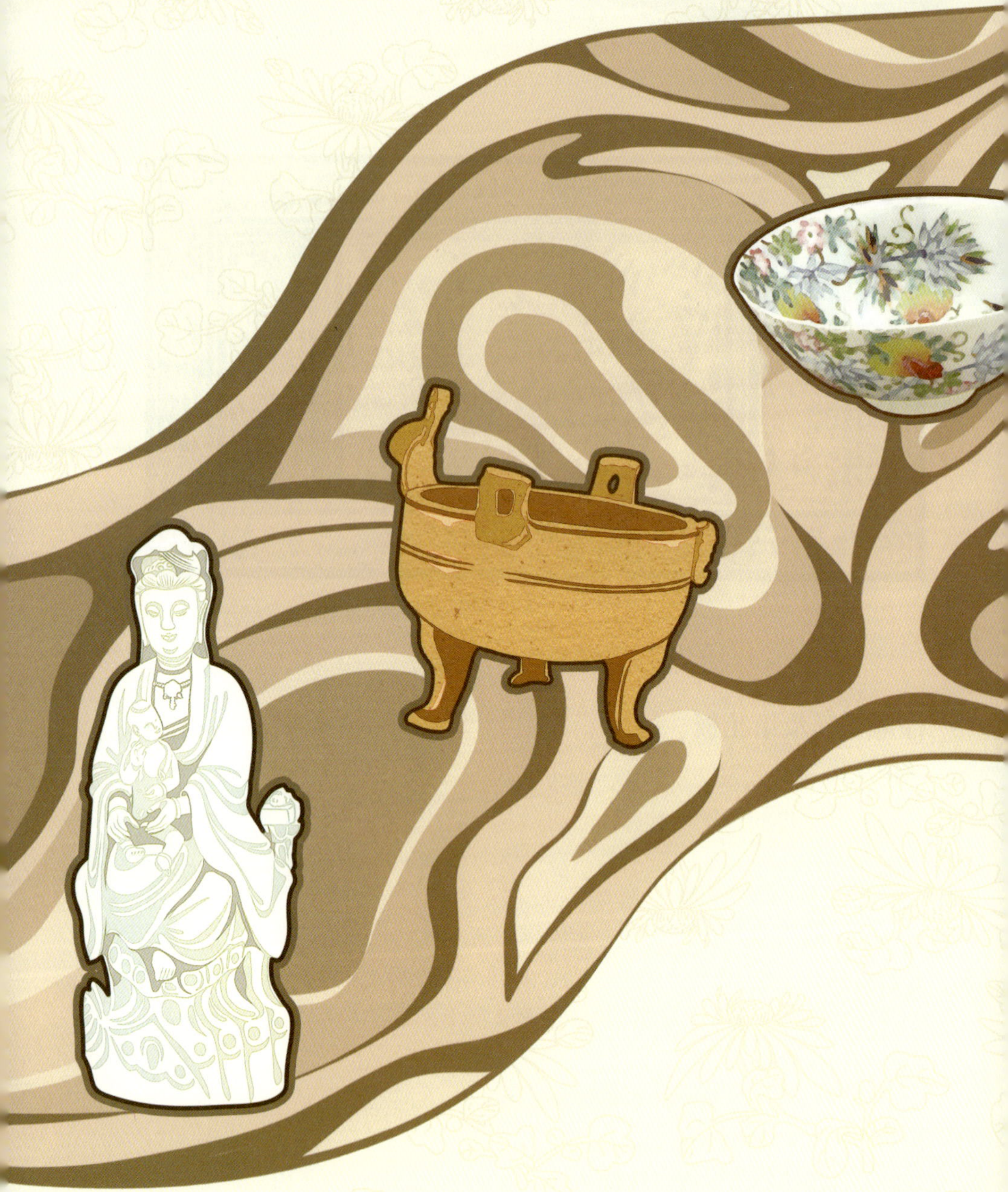

土火之艺
——馆藏历代陶瓷展览

　　水、土、火的碰撞，产生了绚丽多彩的陶瓷文化，瓷器是中华民族对世界文明的重要贡献。中国因此拥有了"瓷之国度"的美称。

　　早在新石器时代，我们的祖先就已经学会制造和使用陶器。成熟的青釉瓷器烧成于一千八百多年前的东汉时期。经过历代的逐步发展，明清时期，我国陶瓷业发展到了巅峰。至少在唐代，我国已大量出口陶瓷器。此后日益发展，长久不衰。从东海和南海通向各大洲的各条航线，无不见证了这一辉煌，这些海外贸易通道也被称为"陶瓷之路"。

　　广东古代陶瓷有着独特的魅力。尤其是明、清时期的石湾陶器、广彩瓷器更是蜚声中外的著名品种。

第一篇 初见窑火
——陶器的起源与瓷器的滥觞
（新石器时代—三国两晋南北朝）

陶瓷器的出现，与人们的日常生活有着密切的关系。

陶器的发明，在人类发展史上具有划时代的意义——它是人类最早的化学革命，促进了农业发展，使人类的定居生活更加稳定。

商周时期，在黄河、长江中下游的广大地区出现了原始瓷。最早的成熟瓷器是青釉瓷，出现在东汉时期的浙江地区。瓷器是中国人民的重要创造之一，丰富了人类的物质和文化生活。三国两晋南北朝时期，战乱频仍。江南地区较之北方相对安定，因而制瓷业得以较大发展，北方地区的制瓷业则发展相对缓慢。这一时期的陶瓷器型日渐增多，大量流行随葬用的陶明器，并出现了釉彩装饰瓷器。

半山类型五圆圈纹双系彩陶罐

新石器时代
高20cm 口径15.2cm

这件陶器属于甘肃马家窑文化半山类型，是馆中展出年代最早的陶器。

此罐为泥质橙黄陶，口内沿绘弦纹和连弧纹，颈部绘波浪纹。肩腹部以对称分布的大圆圈为主体，中间穿插黑红彩绘制的八字纹。器型规整匀称、色彩简洁明快，表面光滑，是马家窑彩陶中不可多得的精品。

半山纹样尽风光

蛙纹彩陶寄心愿

马厂类型蛙纹双系彩陶壶

新石器时代

高43.2cm　口径14.3cm　底径12.5cm

　　这件陶器属于马家窑文化晚期的一种代表性陶器。

　　此壶为泥质橙黄陶，侈口、短斜颈、溜肩、鼓腹、平底，在其腹部偏下配有对称的双腹耳。

　　蛙纹（也称神人纹），是马厂类型彩陶的典型纹饰之一。这些蛙纹通常被描绘得精细独特，连蛙的小脚也清晰可见。蛙纹在马厂类型彩陶中大量出现，反映了当时先民们的宗教信仰和图腾崇拜。青蛙是两栖动物，产卵量多，繁殖力强，这与先民们期盼多子多孙多福的理念相一致，因此在先民们看来具有超自然的力量，成为他们崇拜的对象。

土火之艺

绳纹陶罐

商代
高20.7cm　口径16.1cm　腹径18.9cm

　　绳纹是商代陶器上最常见的纹饰之一，通常是由细绳或工具在陶器表面压印而成的，呈现出一种平行排列的绳索状纹理，具有独特的装饰效果。

　　商代绳纹陶罐器型多样，但一般都具有口部、颈部、肩部、腹部和底部等基本部分。这件陶罐即是如此。其用途广泛，可作为炊器、贮器、盛食器、盛水器以及酒器等。这些陶罐在当时人们的日常生活中扮演着重要角色，为人们的饮食起居提供了极大便利。

道道条纹绳索记

原始青瓷双耳兽首鼎

战国
高13.5cm　口径13cm

　　此器造型仿青铜器鼎，古朴端庄制作精细，是浙江地区战国早期的原始青瓷产品。其口沿置相对的双立耳，两侧各饰兽首和兽尾，腹中部饰有一周弦纹装饰带，鼎底承三兽蹄足。器内旋轮痕较粗，施青黄釉不匀，底部有切割的旋纹。

　　原始青瓷出现于商前期，是由陶向瓷过渡时期的产物。战国时期，原始青瓷的制作有了长足的进步，在烧结性能和器表施釉等方面均有很大发展。器物吸收同时期青铜艺术的特点，造型多仿当时尊、鼎、簋（guǐ）、盉（hé）、豆、钟等青铜器，具有纯朴简洁的风格。

青瓷兽首矗千秋

164　广东省博物馆

青釉卧羊寓吉祥

青釉羊形器

西晋

长11.6cm 高11cm

这件青釉卧羊呈卧伏状，昂首张口，体态肥硕，背部饰对称的线条纹，两肋刻划羽翼，羊首上端开有一孔，应作为香插之类的日用品。釉色青绿，均匀莹润，器形完美，是晋代青釉器代表作品。

青釉是我国瓷器最早的颜色釉，出现于南方。青釉瓷器一直是中国瓷器的主要产品，历经东汉、六朝、唐、宋、元、明和清而不绝。所谓"青釉"，颜色并不是纯粹的青，而是具有黄、绿、青等几种颜色，但总能泛出青绿色。

羊在中国古代被视为祥瑞动物。两晋时有较多兽类造型的器物，如羊、狗、貔貅（pí xiū）等。多作为随葬的明器。

土火之艺

瑞兽飞禽舞盈门

青釉堆塑楼阁人物鸟兽谷仓

西晋
高53cm　腹径26.1cm　底径17cm

　　这件谷仓施青釉至胫部，浅灰胎，底无釉露胎呈火石红色，具有强烈的时代特征和鲜明的艺术特色，是西晋时期典型的随葬明器。
　　谷仓体形硕大，由上下两部分组成，平底。上半部为两层楼阁，楼阁顶立一飞鸟，上层四角各立一小罐，堆塑飞鸟、跪俑。下层装饰四座阙以及跪俑、走兽、牌坊等。下半部为罐，腹部贴塑走兽。
　　谷仓又称"魂瓶"，由东汉的五联罐演变而来，多发现于长江中下游地区三国两晋时期的墓葬中，墓主人通常身份地位显贵。谷仓上大量雕塑亭台楼阁、阙、人物、动物，着重表现豪门贵族生前歌舞升平、舞乐宴饮的场景以及"事死如事生"——死后仍然可以继续享受富足生活的愿望。

第二篇 瓷国崛起
——陶瓷的发展期（隋唐五代宋辽金）

我国陶瓷业在唐宋时期迎来了第一个发展高峰。

隋唐的统一，促进了经济的繁荣、民族的融合和中外经济文化的交流，也带来了制瓷业的迅猛发展。除了以越窑青瓷与邢窑白瓷为代表的"南青北白"以外，三彩陶器、绞胎瓷器和彩绘瓷器，以及黄、黑、绿、花等釉色瓷也有所发展。在工艺上，匣钵的广泛应用，大大提高了产品质量。

宋代是我国陶瓷业突飞猛进的发展时期。如脂似玉的青釉瓷器，在釉色方面为陶瓷美学开辟了一个新的境界。著名的汝、官、哥、定、钧五大名窑体系，与磁州窑系、景德镇窑系、龙泉青瓷系、辽金陶瓷等，共同推动了这一时期制瓷业走向繁荣。

从9世纪起，我国陶瓷大量输出国外，远销至东亚、东南亚、非洲东海岸等地区。

青龙送暖慰烽烟

青釉三兽足龙柄鐎斗

南朝

高14cm 口径10.8cm

这件鐎（jiāo）斗以龙首为柄，板沿口，折腰，平底，腹部扁圆，三只足较高且长，为兽蹄形状。全器满施青釉，造型美观，制作精细。

鐎斗又称"刁斗"，是一种温食炊具，盛行于汉、晋，与同期的青铜器形制相同，出土时多伴有火盆，并搁置于火盆上，说明其为温食用具，军旅多用之。

《史记·李将军传·刁斗注》中如是描写风沙昏暗中艰苦行军生活："以铜作鐎器，受一斗，昼炊饭食，夜击持行，名曰刁斗。"唐诗中也有"行人刁斗风沙暗，公主琵琶幽怨多"之句。

青釉四系盖罐

隋代
高20cm　口径6.9cm
腹径15.7cm　底径7.1cm

此罐为子母口，肩部对称置四个双股条状系，腹部凸起弦纹一道。外施青釉至腹中部稍下，釉色青中泛黄，玻璃质感较强，釉面有细小开片。

四系罐是青瓷中最常见的一种实用器，从汉代到隋唐大量生产。器形从低矮不断增高，下腹和底部相应扩大，此件盖罐具有隋代的典型特征。

罐腹渐大隋模样

白釉双龙耳瓶

唐代
高45cm　口径7.9cm　底径10cm

此瓶颈上饰弦纹，口沿至肩处饰双龙形长柄，龙卷角，竖耳，睁圆眼，首低垂，张嘴衔瓶口。器身半施釉，釉色白中泛青，下腹、器底露灰白胎。整器造型周正，端庄典雅，尽显大唐盛世之风韵。

这种瓶的形制从隋代鸡首壶、龙柄双联瓶演化而来，又融合了西域胡瓶的艺术元素，兼收并蓄。此类瓶盛行于隋至初唐时期，除白釉外还有三彩、青釉等品种。

低首顾盼展奇姿

土火之艺　169

越窑青釉葵瓣口碗

唐代
高4.1cm　口径16.2cm

素花轻划沁新茶

　　这件葵瓣口碗浅腹、花瓣口、玉璧底，里外施青釉，有细小开片。底足露胎，见残留垫饼痕。胎灰白，碗心刻花卉，是典型唐代越窑茶盏之一。

　　唐代，中国的瓷器形成了"南青北白"的局面，其中南方浙江的越窑青瓷与北方河北的邢窑白瓷为各自的代表。

　　越窑是我国烧瓷历史最早的瓷窑之一，窑址在浙江余姚、上虞、绍兴一带，烧瓷时间为汉至宋。唐、五代时，越窑形成独特的风格，成为南方最著名的青瓷窑。越窑青瓷在唐代时期以造型、釉色取胜，胎体多光素无纹，少量有划花、印花、刻花及褐色彩绘等装饰。自唐代开始，越窑瓷器不仅大量内销，而且外销数量可观。在朝鲜、菲律宾、日本、印度尼西亚、巴基斯坦、伊拉克、埃及等国家的古遗址中，都出土过唐、宋时期的越窑瓷器。

邢窑白釉碗

唐代
高3.5cm　口径12.1cm　底径7.1cm

　　此碗胎质较白，釉面温润如玉，是典型的唐代邢窑白瓷。
　　邢窑是唐代著名的白瓷窑场，遗址位于今河北省内丘县，创烧于隋代，盛于中唐，衰于唐末五代。邢窑产品以造型规整、制作精致、胎质坚硬、釉色洁白为主要特点，器形以碗、盘最为多见。
　　唐人陆羽《茶经》赞颂"邢窑类银""邢窑类雪"。刻有"盈"字款或"翰林"款的精美细白瓷更是一度作为朝廷贡品。邢窑产品不仅广销国内，还远销至埃及、西亚等地。

釉色洁白类银雪

青釉贴花人物纹执壶

唐代
高22.5cm　口径9.2cm
腹径16.2cm　底径15cm

　　此壶通体施青釉，釉色青中闪黄，开细碎片纹，釉不及底，有冰裂纹开片。器形优美，图案具有异国情调，腹部贴胡服杂技人物纹及武士人物纹，上面覆盖大片斑状褐彩，突出堆贴图案装饰效果，是唐代长沙窑生产外销到西亚各国的产品。

　　长沙窑创烧于唐，极盛于晚唐，五代后衰落。贴塑装饰是长沙窑瓷器的特色之一，出现在中唐偏晚期，题材有人物、鸟兽、花叶、椰枣、双鱼等。大多反映北方生活和西亚文化，是唐代对外交流的历史见证。

胡服杂技展神韵

西关窑绿釉双耳葫芦瓶

唐代
高20cm　口径2.4cm
腹径12.4cm　底径9cm

　　此瓶瓶体似葫芦，故名。腰身两侧贴有弧形把手，其周身绿釉稍泛黄色，匀净莹亮。足墙及足底无釉，胎呈灰黄色。此瓶造型优美别致，甚为少见，为唐代河南西关窑产品。

　　我国瓷中传统的绿釉和绿彩都以铜作着色剂，属铜绿釉，一般先烧素坯，然后再上釉，为两次烧成。这种工艺在我国汉代已开始使用，唐代得到继承和发展，到宋代运用更加普遍。

翠釉宝瓶藏吉祥

岳州窑青釉莲瓣纹小口瓶

五代
高43cm　口径7.5cm　腹径23.8cm　底径10.5cm

　　此瓶肩部刻莲瓣纹，通体施青釉、泛黄色，釉面开细碎片纹，端正秀美，莹润亮洁，为岳州窑精品。
　　岳州窑地处湖南省湘阴县，因湘阴县旧属岳州，所以叫岳州窑。当地居民中至今流传"湘阴是个万窑窝，未有湘阴先有窑"，烧造的瓷器可追溯到汉代、三国。以青绿为主，釉层较薄，玻璃质感强且开细碎片纹，装饰技法以刻划莲瓣纹最为常见。

典雅华贵莲花绽

梅瓶八角造工精

景德镇窑青白釉印花八角带盖梅瓶

宋代

高26.5cm　口径4.2cm　腹径16.5cm　底径9.1cm

　　这件梅瓶为瓜棱腹，盖顶印一牡丹花，肩和胫部分别刻覆莲、仰莲纹，腹部八面模印缠枝花卉图案。外施青白釉，稍泛黄色，积釉处呈湖水绿色。造型俊美，质坚细腻，是宋代景德镇窑难得的精品。此类型完整带盖的青白釉梅瓶传世较少，弥足珍贵。

　　青白釉瓷又称"影青"，是介于青白二色之间的一种釉色，创烧于北宋前期，以景德镇窑为代表。

黑白分明瓶中宝

扒村窑白地黑花花卉纹玉壶春瓶

宋代

高22cm　口径6.2cm　腹径9.5cm　底径5.5cm

　　这件玉壶春瓶通体施白釉，圈足露胎无釉，口沿描黑边一周，颈到腹下部绘两层黑彩写意花卉纹，以黑彩弦纹相隔。

　　扒村窑创烧于唐代，终止于元，北宋为其兴盛时期，位于河南省禹州市，属于磁州窑系北方民窑，以生产白底黑花瓷为主，白釉通常泛乳黄色，釉面没有光泽，画面黑白对比强烈，图案粗放凝练，题材丰富，别具特色，具有典型北方瓷器质朴和粗犷的风格，巧妙地把中国传统书画与制瓷工艺结合在一起。

　　玉壶春瓶与梅瓶、赏瓶并称为"瓶中三宝"，是器物美学发展史中最具代表性的造型。

钧窑天青釉紫斑盘

宋代

高2.6cm　口径17.9cm　底径9.6cm

　　这件钧窑盘器身里外施天蓝色釉，盘内外均有自然流动的玫瑰紫色斑点，是钧窑瓷器的典型特征之一。

　　钧窑也称"钧州窑"，因在钧州境内（今河南禹州市）而得名，是宋代五大名窑之一。创烧于唐代，兴盛于北宋，经历宋金至元代。器物釉色以天蓝、月白、玫瑰紫、海棠红等为主。其特色是具有云霞般的光辉而显得变幻莫测的窑变釉，这是烧制过程中自然形成的，每一件钧瓷作品堪称独一无二，又有"钧瓷无双"的说法。

奇异幻变万般样

修武窑绞胎小碗

宋代

高3.2cm　口径10.3cm

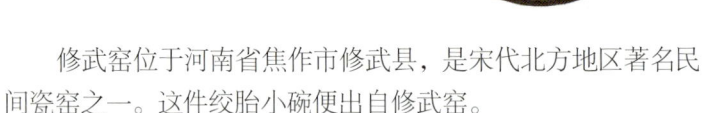

　　修武窑位于河南省焦作市修武县，是宋代北方地区著名民间瓷窑之一。这件绞胎小碗便出自修武窑。

　　绞胎，或叫作"搅胎""绞泥"，是用白、褐两色（或多色）泥料糅合在一起，然后按照需要切成泥片贴于制成的坯胎上，或者全部利用绞泥做坯胎，再施釉烧成呈绞纹的器物。这是唐代出现的一种新的装饰技法，宋以后不多见。因此传世作品很少。

双色绞合幻莫测

吉州窑剪纸贴花双凤梅花纹碗

宋代

高5.7cm　口径11.5cm　底径3.7cm

　　此碗内外施两种釉，外施黑釉不到底，点以浅黄色斑点，与天然玳瑁极为相似，碗内以窑变花釉作地，内壁饰剪纸贴花双凤纹，间以三朵梅花，纹饰精美。

　　吉州窑位处如今的江西吉安永和镇，是宋代南方的一个重要民间瓷窑，因窑址在吉安永和镇，因此又被称为永和窑，烧瓷时间为唐代至元代。

　　在吉州窑中，双凤纹是最经典最常见的纹饰之一。这类"双凤盏"是以绶带鸟为原型，以剪影这种静态表现形式呈现。当注入茶汤以后，随着层层泛起的茶浪，盏内两只绶带鸟盘旋飞舞其中，视觉意境绝佳。

瓷碗玉盘映晨光

定窑白釉刻花盘

北宋

高2.1cm　口径13.1cm　底径4.7cm

　　定窑白釉刻花盘釉面细薄润滑，白中微闪黄，这种独特的色调被称为"暖白色"，是定窑瓷器中的经典之作。此件瓷器通体施白釉，釉色白润如玉，给人以温润恬静的美感。

　　定窑因窑址在宋代属定州而得名，窑址位于今天河北省曲阳县境内。定窑瓷器创烧于唐代，在宋代达到了高峰，止于元代。北宋时期，定窑曾一度烧制宫廷和官府用的精致瓷器，因此被列为中国古代"五大名窑"之一。

土火之艺

五谷丰登仓廪实

龙泉窑刻花带盖五管瓶

宋代
高23cm　口径6.4cm　腹径13.3cm　底径6.4cm

　　此瓶通体灰青色釉，五级塔式器身，肩部置多棱状五管。盖面及全身刻划花瓣及卷草纹。整器交错刻划，深浅得宜，突显出纹饰的灵动感，反映了北宋时期制瓷工匠高超的技术。

　　青釉是我国使用最早、沿用时间最久、分布最广的釉色。青色似碧玉，形象高雅，符合文人、士大夫传统的审美情趣。浙江龙泉窑生产的龙泉青釉以梅子青、粉青色最佳。五管瓶是北宋时期极具特色的典型器形。在肩部设有管式装置，管中空，多与瓶不通。除了五管外，还有四管、六管之分，最多可见十管，以五管最为常见，故又称"多管瓶"。这种瓶式以浙江龙泉制品为多，一般多用作陪葬。

　　龙泉窑是中国历史上的一个名窑，因主要产区在浙江省龙泉市而得名。它开创于三国两晋，结束于清代，生产瓷器的历史长达1600多年，是中国制瓷史上最长寿的一个瓷窑系，它的产品畅销于亚洲、非洲、欧洲的许多国家和地区，影响十分深远。

千峰翠色玉如冰

龙泉窑青釉双耳盘口瓶

南宋

高17cm　口径6.5cm　腹径7.4cm　底径6.3cm

　　此瓶颈中部两侧装双凤耳，是宋代龙泉窑的典型器物之一，通体施梅子青釉，凸棱处釉较薄，颜色较淡，积釉处呈半透明的青绿色，如青梅般浓翠莹润；器形制小巧秀美，样式简洁雅致。此瓶是南宋龙泉窑难得之珍品。

　　宋代龙泉窑在制作规模、烧造技术、装饰工艺等方面都达到了青瓷生产的历史高峰，特别是粉青和梅子青釉色瓷器，有"千峰翠色""如玉似冰"的神韵，被誉为"青瓷釉色与质地之美的顶峰"。

鸡冠壶中藏珍馐

辽黄釉鸡冠壶

辽代

高22.6cm　口径2.7cm　底径6.3cm

　　此壶为小口，直颈，皮囊形扁壶，颈至肩部饰半环形鸡冠执，带圈足，施酱黄釉，施黄釉不到底。

　　辽、金王朝也创造了灿烂的民族文化。辽瓷是指辽政权控制范围内生产的陶瓷器，其生产工艺多受宋朝的影响，生产区域在东北和华北的部分地区。在东北地区各瓷窑生产了许多带有鲜明北方草原民族特点的器物，如皮囊壶、鸡冠壶等。

　　契丹是我国北方游牧民族，为便于携带水、酒、奶等液体，多以皮革缝制皮囊，悬挂在马鞍上。人们定居后，将惯用的皮囊改成瓷器，保留了游牧民族生活用品的特色。

黑釉剔花藏花影

黑釉剔花小口瓶

金代

高35cm　口径3.6cm　腹径17.1cm　底径10.4cm

　　此瓶通体施黑釉，釉面不到底，腹部饰卷草纹和莲瓣纹各一周，其间以双弦纹相隔。此瓶是金代山西雁北地区的器物。

　　剔花，即在半干的坯体上，使用竹木或骨石等制成的刀具，按设计图案以一定的深度剔去纹饰以外的坯层。剔刻部分露出浅色胎土或化妆土，衬托主体黑釉，对比极为强烈。

虎啸花开清月明

磁州窑褐釉花卉纹虎形枕

金代
长35cm　底宽17cm　高8cm　底径长37.7cm

　　这件瓷枕呈卧虎形，虎四肢匍匐在地，前爪托腮，一双圆眼炯炯有神，灵动而不失威严。虎首以两鼻孔为气孔，虎背为枕面，上装饰褐釉彩绘花卉图案。虎全身施赭（zhě）黄釉，绘黑彩虎皮纹，虎耳、眉、眼和嘴则以白釉点缀，釉面肥厚清亮，黄黑色彩鲜明。形象逼真，造型生动传神。

　　在瓷枕的发展史上，北方磁州窑系所烧的瓷枕极具代表性，其中虎形枕更是别具特色。虎为百兽之王，相传有辟邪的作用，因此在民间广受欢迎。

　　在中国陶瓷艺术中，瓷枕不仅仅是简单的枕具，瓷枕的造型与装饰图案结合，包含了诗词书画、戏曲、民间吉祥文化等诸多元素，已经成为中国传统文化的符号和载体。

第三篇　各领风骚
——陶瓷的鼎盛期（元、明、清）

明清时期，我国陶瓷业发展到了顶峰阶段。

元代景德镇窑在制瓷工艺上有了新的突破：制胎上采用瓷石加高岭土的"二元配方"法，提高了烧成温度，减少了器物变形，因而能烧造气势宏大的大型器物；成熟青花、釉里红的烧成，使中国绘画技巧与制瓷工艺的结合更趋成熟；高温颜色釉瓷的烧造成功，是工匠熟练掌握各种呈色剂的标志。明清时期的景德镇制瓷业进一步发展，并设置了官窑，烧制御用瓷器。斗彩、五彩、珐琅彩、粉彩等釉上彩绘瓷器，以及日益丰富的颜色釉瓷多姿多彩、各具魅力。景德镇成为蜚声中外的制瓷业中心。

江苏宜兴紫砂陶、福建德化窑白瓷等也取得了突出的成就。

这个时期瓷器输出也空前繁荣，中国瓷器的足迹遍及世界各地。

小知识：青花瓷

青花是白地青花瓷器的专称，多用含氧化钴的钴矿为原料，在瓷器胎体上描绘纹饰，再罩上一层透明釉，经高温还原焰一次烧成。钴料烧成后呈蓝色，具有着色力强、发色鲜艳、烧成率高、呈色稳定的特点。目前发现最早的青花瓷标本是唐代的，但成熟的青花瓷器出现在元代，明代青花成为瓷器主流，清康熙时发展到了顶峰。

白中泛青透光影

景德镇窑青花人物图玉壶春瓶
元代
高30.3cm　口径8cm　腹径14.8cm　底径8.8cm

　　此玉壶春瓶为撇口、细长颈、广圆腹、圈足，整体线条秀美匀称；色调白中闪青，釉汁滋润，看起来十分淡雅清丽；从口沿、颈部、腹部到足壁，均饰各类纹饰，这些纹饰虽然繁复，却主次分明，没有凌乱之感。
　　据说玉壶春瓶因苏东坡诗句"玉壶先春，冰心可鉴"而得名。宋代定窑、汝窑、耀州窑、磁州窑普遍烧造。元至明、清历代也多见。
　　景德镇元青花纹饰最大的特点是构图丰满，层次多而不乱。除玉壶春底足荡釉外，其他器物多砂底无釉，见火石红。

磁州窑褐彩"唐僧取经"故事图枕

元代
高14.8cm 长41cm 宽16.7cm

　　这件器物是典型的元代瓷枕造型,正面绘唐僧取经图,底有楷书印款"张家造"。

　　《西游记》成书于明代中期,而在其成书前,有关的故事已通过戏剧、说书等形式在民间广为流传。例如,南宋时期有《唐三藏西天取经诗话》,金代有《唐三藏西天取经》院本,元代中叶有《唐三藏西天取经》杂剧及《西游记》话本,还有元末明初杨景贤创作了《西游记》杂剧,说明《西游记》的故事在成书之前已经有着深厚的根基和广泛的传播基础。

民间西游广流传

磁州窑孔雀绿釉仕女图梅瓶

元代
高27.9cm　口径3.4cm　底径9.5cm

　　此件仕女图梅瓶是磁州窑的代表作之一。梅瓶釉下用黑彩在肩部绘卷草菊花纹一周，腹部用黑彩绘三个菱形开光图案，描绘一女子伫立的情景，整个梅瓶纹饰富丽繁密，线条活泼流畅，形象生动，富有生活气息。

　　孔雀绿釉属于低温釉，亦称"翡翠釉""吉翠釉"等。因颜色似孔雀的羽毛而被称为孔雀绿。其常以黑彩作画，宋元时期人物题材绘画水平较高，简练飘逸，无拘无束。

梅瓶独韵展翠裳

景德镇窑釉里红菊花纹大盘

明洪武

高8.5cm　口径46cm　底径26.8cm

　　此盘菱瓣口，瓜棱腹，器型硕大，端庄稳重；通体施白釉，釉色白中泛青；以釉里红满绘各种花卉装饰，釉里红色彩微微发灰，内外壁均绘折枝莲花纹，盘心绘折枝菊花。此盘釉里红发色较稳定，所绘图案清晰可见，十分难得。

　　釉里红是以铜红料为着色剂在瓷胎上绘画纹饰，罩以透明釉，在高温还原性气氛中烧成的，釉下纹饰呈现红色。釉里红创烧于元代景德镇，由于铜红料对窑室气氛要求十分严格，因此烧成难度大，成品率低。元、明釉里红器因传世少而尤为珍贵。明初洪武釉里红器很大程度上延续了元器的特征，红色晕散，不太鲜艳。

釉下红花难烧成

白润之釉似蜜甜

景德镇窑白釉玉壶春瓶

明永乐

高32.2cm　口径9cm　腹径18.2cm　底径10cm

　　这件玉壶春瓶是明永乐时期的白釉精品。这一时期景德镇御器厂烧制了一种叫"甜白釉"的白瓷釉色，它是明永乐窑的杰出创造。永乐白瓷制品有许多都薄到半脱胎的程度，具有白糖色泽，给人一种"甜"的感受。其实，这一名称并非永乐朝所起，而是与后来白糖的出现有关，人们觉得这种白瓷的釉色和白糖相似，因此得名。

　　白釉瓷以高岭土等优质瓷土为原料，经过精细加工和高温烧制而成。高岭土中三氧化二铝的含量较高，这对增强瓷釉的白度起到了很大的作用，并把瓷釉泛青的程度降到最低。

　　玉壶春瓶的形制在宋代至明清时期都有延续。

青魂明月照黯岁

景德镇窑青花人物图梅瓶

明天顺

高32.5cm　口径5.3cm　底径11cm

  这件梅瓶的颈部上窄下宽呈梯形状，瓶身上的青花人物图描绘得并不精细，体现了当时人们对陶瓷产品的需求量和品质要求都有所下降。正是空白期瓷器的典型特征之一。

  明代正统、景泰、天顺（1436—1464年）年间，战争频繁、饥荒不断，皇室内部因争夺皇位而屡发冲突，在这一时期，官窑瓷器的生产受到了很大影响，景德镇官窑生产的瓷器较少，瓷器的生产规模和品质都出现了明显下降，无论是数量还是质量都大不如前，而且多不写年款，致使人们对这一时期的瓷器认识不清。陶瓷史上称这一时期为"空白期"或"黑暗期"。随着对窑址和墓葬出土物的研究，空白期瓷器的面目才日渐明朗。

土火之艺

景德镇窑黄釉碗

明弘治

高8cm　口径18cm　底径7cm

帝王之色耀宫墙

　　此碗敞口,深弧腹,圈足。内外施黄釉,圈足内施白釉。器底署青花楷书"大明弘治年制"六字双行款,外围青花双圈。此碗形制端庄秀雅,黄釉呈色滋润淡雅,釉面晶莹透澈。

　　低温黄釉最早见于汉代陶器上,历经唐、宋、辽、元、明、清各代的发展后,低温黄釉的种类和品质都有了很大的进步。特别是明清时期的低温黄釉瓷器,更是达到了极高的艺术水平和工艺成就。

　　低温黄釉的烧造成功是弘治瓷器的最大成就。弘治黄釉均匀光润,含蓄深沉。在中国传统文化中,黄色一直被视为"帝王之色",象征着尊贵和权威。因此,低温黄釉瓷器自出生之日便被宫廷垄断使用,成为皇家御用瓷器的代表之一。

绿彩神龙腾碧空

珐华凸花云龙纹梅瓶

明代

高26.8cm　口径3.5cm　腹径17cm　底径11cm

　　此瓶以黑彩为主要底色，绿彩用以装饰点缀。瓶身上一条绿彩神龙腾空飞舞于万里碧空之中，四周饰有火焰和祥云，颇有叱咤风云之势，具有浓郁的游牧民族气息。

　　珐华器指施珐华釉的低温彩釉陶器，萌芽于元，盛行于明，主要在北方窑口生产。陶胎珐华多为山西所烧。珐华釉是一种低温色釉。明代宣德年间，景德镇开始效仿山西珐华的工艺生产瓷胎珐华，并于明代中期兴盛，但胎质、彩料及装饰更为丰富和考究，艺术效果也更为雅致。

土火之艺　191

御窑佳器回青料

青花开光人物图罐

明嘉靖
高33.7cm　口径20.3cm　底径24.5cm

　　此罐颈部一道弦纹，肩部绘缠枝灵芝纹八朵，腹部四个壶门形开光占据了罐身的主要面积。开光以三重线条描绘，两组开光间共用一条边线，每个开光中各有一组人物故事图；每组开光顶部间隔处各有折枝花一朵，胫部一周为变形莲瓣纹；外底部为"大明嘉靖年制"六字双行楷书款。

　　此罐所用青料为回青料，明嘉靖时期，御窑青花瓷器多使用回青料（为进口青花料）。明王世懋（mào）《窥天外乘》记载："回青者，出外国。"

红艳耀目大明彩

五彩龙纹小罐

明万历

高4.7cm 口径1.9cm

  此罐圆口，鼓腹，渐收至足，底施白釉，腹部主体饰双龙戏珠，施红绿彩。

  五彩可分为青花五彩和纯釉上五彩两种。其釉上彩料多为透明色，采用单线平涂技法绘画，因此图案无浓淡深浅的层次变化。

  明代五彩始烧于宣德时期，嘉靖、隆庆、万历三朝颇为流行。万历五彩除采用传统装饰手法外，还发明了五彩和镂空相结合的工艺，所制产品图案繁密，造型多变，色彩鲜艳，尤其突出红彩，显得俗艳刺目，世称"大明彩"。

  万历五彩颇受世人喜爱，欧洲人、日本人更是对其情有独钟。

土火之艺

德化窑白釉"陈伟之印"款负书罗汉像

明代
高23cm

  这尊罗汉光头大耳，笑容可掬，袒胸露腹，脚踏浪花，袈裟随风飘动，右肩上放几卷经书，右手持系书之绳，形神兼备，栩栩如生，胎质洁白，细腻，通体施乳白釉，莹润如玉，罗汉背后正中盖一葫芦形阳文篆书"张寿山"戳记，张寿山为明代德化窑雕瓷名家，作品传世不多，此像当为张寿山代表作。

  德化窑位于福建省中部的德化县，起源于晚唐五代时期。宋元时期德化窑开始烧制青白瓷和白瓷，尤以青白瓷为主，其产品大量通过海路外销至东南亚、南亚、西亚等地。

  德化窑的白瓷胎质细腻，釉面为纯白色，釉色莹润，如脂似玉，色调素雅，极易辨识，所以被称为"象牙白"，欧洲称其为"中国白"，是中国白瓷的代表。特别是道释人物瓷雕，造型逼真，格调高雅，具有独特的艺术魅力，被世界各大博物馆和私人收藏家争相收藏。

如脂如玉『中国白』

德化造像貌庄严

德化窑白釉童子观音像

清代
高22.5cm

这件德化窑观音像发髻高卷,身穿长袍,衣纹线条流畅,双目低垂,表情和善,颈部刻三道折痕,胸前堆塑璎珞纹。下身着裙,一脚赤足外露,端坐基座上,双手将一童子轻揽怀中。此像法相庄严,姿态优美。其造型特点可以追溯至古印度佛教造像艺术最早的杰出代表犍陀罗艺术和笈多艺术。

八角蟾宫天青色

明隆庆款青花嫦娥奔月图八角盘

明代

高3.6cm　口径13.1cm　底径7.8cm

　　此盘口、腹、底均作八角形，沿稍外折，口沿和足外壁均画双弦纹，外壁每方画相间的折枝花和如意头纹，内沿画弦纹和如意头边饰，内底画嫦娥与玉兔。青花浓艳灰蓝，釉白稍泛黄色，足心青花方框内书"隆庆年制"楷书款。

俏形茶壶品香茗

宜兴紫砂像生瓜形壶

清康熙

高11.3cm 口径4.4cm

该器物以瓜形为壶身，以莲藕为流，以桃为把，以核桃、菱角、荔枝为足，壶盖为反扣的蘑菇，上粘瓜子、蚕豆作纽。壶身再衬以白果、茨（cí）菇、红枣、花生、苹果。腹部刻楷书"仙家瓜果四时同"，后书"鹤邨"，钤阳文篆书"陈""鸣远"一圆一方二印。

清初宜兴紫砂陶开创了像生陶瓷的制作先河，以瓜果的形象逼真著称。陈鸣远，号鹤峰，清康熙、雍正间人，善制紫砂茶具，款字有晋、唐风格。

黄釉大碗

清康熙
高17.1cm　口径36.5cm　底径15.5cm

　　此碗器内、外壁施低温黄釉，圈足内施高温透明釉，署青花楷书"大清康熙年制"。该器体形硕大，胎质细腻，釉面晶莹透澈，实属康熙年间的官窑精品。

　　黄釉碗是明清时期每朝官窑的必烧品种。清康熙朝黄釉碗规格最多，不下十种。如此大口径的黄釉碗仅康熙朝有见，在祭祀时用以代替青铜酒器。"天谓之玄，地谓之黄"，中国古代黄色是高贵的颜色；"黄"与"皇"谐音，故以黄色象征皇家的尊贵，黄色瓷器只限于御用。

黄色本是皇家用

豇豆红釉太白尊

清康熙
高8cm　口径3.4cm　底径12.8cm

此豇（jiāng）豆红釉太白尊小口微撇，圆唇，短颈，半球状腹，圈足，外底青花书"大清康熙年制"款。康熙豇豆红釉器多为文房用具或陈设等小件器物，烧成难度极大，十分稀有名贵。

太白尊因模仿诗人、酒仙李太白的酒坛，故名。又因形似圈鸡用的罩，还有"鸡罩尊"之称，是清康熙时期官窑的典型器物。

豇豆红釉是一种呈色多变的高温颜色釉，为清康熙时期铜红釉中的名贵品种，因颜色如成熟的豇豆而得名。豇豆红烧成难度很大，只能由官窑少量生产，仅供皇室内廷使用，且无大件器物，主要有瓶、太白尊、小盂、洗等文房用具。

豇豆身贵官窑生

景德镇窑珊瑚红釉提梁茶壶

清代
高13.8cm　口径6.1cm　腹径10.6cm　底径9cm

此壶直口，扁圆腹，平底，肩部装半环形高提梁，腹间装一弯流，平盖，鸡冠形纽，壶身施珊瑚红釉，内施白釉，底无釉。此壶造型精致美观，色调沉着含蓄，光润艳美，为宫廷饮茶所用。

壶器中，提梁壶称得上是一种特殊的门类，中国传统审美理论中的虚实结合、有无相生，在提梁壶中被反复妙用，受到许多壶友喜爱。

珊瑚红釉是一种低温铁红釉，始于康熙，盛于雍、乾两朝。它将红釉吹在白釉之上，烧成后釉色均匀、光润，能与天然珊瑚媲美，故名"珊瑚红"。珊瑚红釉近于朱色，古时认为朱乃红之正色，常常作为尊贵的象征。在清代一品高官的帽子上用的就是珊瑚。

吹出尊贵帽顶红

土火之艺　199

五彩西厢人物故事图大笔筒

清康熙
高14.8cm 口径17.2cm

　　这件大笔筒，外腹部绘制的是五彩开光《西厢记》人物故事图两幅。一幅描绘张生乘夜逾墙，配诗文："只可晨昏居客邸，岂宜贪（yín）夜入人家。此情若到官司论，应是非奸作贼拿。"一幅描绘红娘堂前巧辩，配诗文："此情无可别疑猜，勾引都因小贱才。早上绣鞋因甚湿，夜间金锁是谁开。"

彩绘西厢映人生

五彩梅鹊送吉祥

景德镇窑五彩花鸟纹双耳椭圆形盆

清康熙
高9.3cm　口径24.6cm　底径25.5cm

　　此盆呈椭圆形，两侧有双耳，底部有足支撑。外部绘喜鹊登梅图，内饰富贵牡丹图，寓意为好运不断、富贵吉祥。
　　五彩之"五"泛指多彩，与素三彩之"三"有同工之意。五彩兼色丰富，一般以青、黄、赤、白、黑五色为主调。

小知识：五彩

　　五彩，俗称"古彩""硬彩"等，主要着色剂是铜盐、铁盐、锰盐等金属盐类，基本色调以青、黄、赤、白、黑等为主。制作时，按纹饰需要施于釉上，再在770—800℃彩炉中二次焙烧而成，是景德镇窑在宋、元时期釉上加彩的基础上发展起来的。明宣德时期，已有五彩，以红、绿、黄三色为主；嘉靖、万历时期，五彩盛极一时；清康熙时期，发明了蓝彩和黑彩，使釉上五彩取代了青花五彩，成为彩瓷的主流。雍正时期粉彩流行，五彩制作趋于衰落。

官上加官耀门庭

孔雀绿釉素三彩"官上加官"图玉壶春瓶

清康熙

高18cm　口径3.1cm　腹径7cm　底径4cm

　　此器胎质轻薄，通体施孔雀绿釉为地，以黄、绿、褐等彩绘一雄鸡仰首向尾，单腿站立于石上，旁边绘鸡冠花，寓意"官上加官"。其造型小巧秀美，是清康熙年间民窑不可多得的精品。

　　孔雀绿釉是一种呈色翠绿透亮似孔雀羽毛的低温釉，釉色鲜明艳丽，又称"翡翠釉""翠釉"，最早见于宋代磁州窑，康熙年间孔雀绿釉极为盛行，有的釉色浓重葱翠，有的色淡而鲜艳。

　　"官上加官"是中国传统吉祥图案，常由带冠的雄鸡与鸡冠花组成，寓意"官上加官""步步高升"。

釉上釉下彩争芳

斗彩团花纹盖罐

清雍正

高15.1cm　　口径6.3cm　　腹径12.2cm　　底径6.3cm

　　此罐胎质洁白，釉面匀净，通体斗彩装饰，盖面绘缠枝莲花纹，腹部菱形内外绘缠枝莲花纹、折枝莲花和卷草纹，绘画精细，色彩艳而不俗，器底署青花楷书"大清雍正年制"，是雍正时期的精品。

　　斗彩，也称"逗彩"，是釉下青花和釉上彩相结合的一种彩瓷装饰工艺。用青花在胎上勾描出完整构图的纹饰轮廓，然后罩以透明釉入窑高温烧成，再于釉上青花轮廓线内填各种彩料绘成彩色图案，放入彩炉低温二次烧成。明宣德时期出现了最早的斗彩工艺；成化时期才发展成熟，成为独立的彩瓷品种；嘉靖、万历和清康熙时期斗彩制作也较发达，但都无法与成化斗彩相比；雍正时期粉彩盛行，出现了釉下青花和釉上粉彩相结合的斗彩工艺。

土火之艺　203

釉泽瑰丽如胭脂

景德镇窑胭脂红釉罐

清雍正

高18.4cm　口径6.5cm　腹径18cm　底径8cm

　　此罐通体施胭脂红釉，釉下隐约可见冰裂纹。形制端庄，胎质坚细。署青花楷书"大清雍正年制"。

　　胭脂红釉是以黄金为着色剂的低温粉红色釉，烧成后釉呈胭脂红色，色泽鲜嫩柔和，故称为"胭脂红釉"。清康熙末年从西方国家传入我国，故又称"洋红"。康熙时期只见在珐琅彩瓷器上使用金红彩，极少见单色釉器。胭脂红釉器全部是官窑制品，至清末一直都有生产，但以雍正、乾隆两朝最精，多为官窑或外销产品，官窑器一般在器底用青花书写年代款识。

窑变无双偶然成

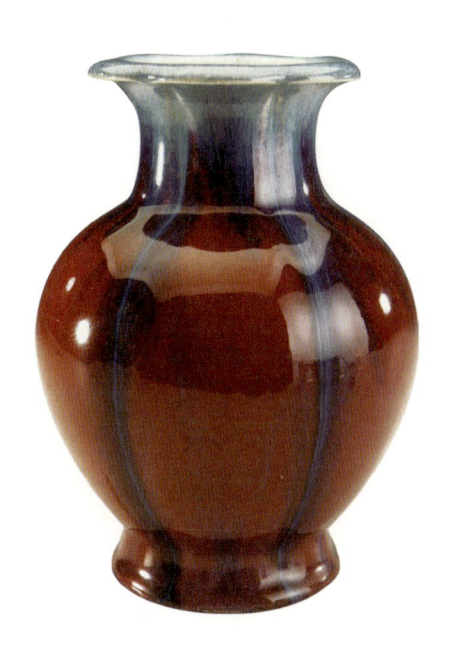

窑变釉石榴尊

清乾隆

高19.7cm　口径11cm　底径9.3cm

　　此器形如石榴，故名石榴尊。花瓣形撇口，器身均匀分布六条凹线。器内施月白色釉，器外施红色窑变釉，六条凹线处釉呈天蓝色。圈足内施浅月白色釉，署篆书"大清乾隆年制"。

　　清代盛行的瓣形瓶，多作四瓣海棠花式，本瓶式作六瓣肩圆形，口沿外卷，是乾隆时期的佳作。

　　窑变釉是清代雍正时期仿宋代钧窑釉色创烧出来的一个新品种。由于窑中含有多种呈色元素，经氧化还原作用，出窑后呈现意想不到的釉色效果。色彩斑斓的釉面本出于偶然，因不明原理，只知焙烧变化所得，自古称之为"窑变"。俗语有"窑变无双"，谓其变化莫测，独一无二。

低温软彩近天然

松绿地粉彩折枝花卉纹瓶

清乾隆

高20.3cm　口径5.3cm　腹径10.5cm　底径6.1cm

  此瓶通身以松石绿为地，饰以粉彩折枝花卉，松石绿釉又名秋葵绿釉，是清雍正时期创烧的绿釉新品种，呈色为淡黄色中微微发绿，与绿松石色泽相似，故名。一般情况下，松石绿釉的颜色清新淡雅，而且有着诱人的自然纹理，通常被用于制作陶瓷器皿、石器、青铜器等。

  粉彩，又称"洋彩"或"软彩"，清康熙末期出现的一种低温釉上彩瓷器，是五彩进一步发展与升华的结果，雍正、乾隆时盛行。低温烧成的粉彩器由于掺入粉质，可以结合中国绘画的表现方法，使画面风格近于写实，立体感强。

  粉彩的制作方法是先在高温烧成的白瓷上用墨线起稿，然后在图案内填上一层可作溶剂又可作白彩的玻璃白，彩料施于玻璃白之上，再经过画、填、洗、扒、吹、点等技法将颜色依深浅的不同需要晕开，使纹饰有浓淡明暗层次，最后经低温烧成。

景德镇窑粉彩玲珑花果纹小碗

清乾隆
高4.8cm　口径11.6cm　底径3.8cm

　　小碗造型优雅，整体线条流畅，给人一种精致的感觉。碗内外施以粉彩，外壁绘有玲珑花果纹，色彩鲜艳，生动形象。小碗的瓷胎薄且透光，显示出高超的制瓷技艺。

　　"两面洞透者，谓之玲珑瓷。"所谓玲珑瓷，是瓷器的装饰技法之一，其工艺是先把坯体上的花纹进行透雕后，然后通体施薄釉，同时洞眼也得以墁（màn）平，由此称为玲珑。烧制后，在光照下欣赏，洞眼呈半透明状，其花纹呈米粒状拼缀而成，俗称玲珑眼、芝麻眼或米通。

　　明清景德镇玲珑瓷最早出现于明永乐官窑，清乾隆后官窑、民窑均有制作，并从单釉色发展为多彩色玲珑瓷。

玲珑之美通透心

黄地绿龙有专用

景德镇窑黄地绿龙纹盘

清嘉庆

高3cm　口径13cm

　　此盘呈菊瓣花口，内外施黄釉为地，盘心绘立龙戏珠，内壁绘双龙穿花赶珠纹，龙身灵动，穿梭于花枝之间。黄彩娇嫩，绿彩柔和。

　　嘉庆时期，景德镇御窑厂已改由地方官兼管，瓷器的制作基本处于守旧状态，瓷器品种和数量已远远不及乾隆盛世。黄地绿龙瓷器是清代后宫日用瓷的品种之一。清《国朝宫史》卷十七"经费一"中，记载有清代皇宫内日用黄釉瓷器使用的等级制度，规定里外黄色为皇太后、皇后使用；里白外黄色为皇贵妃使用；黄地绿龙为贵妃、妃使用；蓝地黄龙为嫔使用；绿地紫龙为贵人使用；五彩红龙为常在使用。

佛前五供三足鼎

景德镇窑粉彩八吉祥纹双耳三足炉

清道光

高41.3cm　口径21.5cm

  此炉为仿古青铜三足鼎造型。自古以来三足炉都有天下安定、国家安稳的寓意。底部三足粗壮有力，象征着皇权稳固，国家安定。

  作为佛教五供体系中的核心器物，这件粉彩双耳三足炉是清道光年间官窑瓷器的杰出代表。佛教五供由一只香炉、一对烛台以及一对花觚（gū）共同构成，是佛教寺院、宗祠庙宇等场所举行庄严法事活动时不可或缺的供器组合，用于盛放香、花、灯、水、果等供品，以表达信众对佛菩萨的虔诚敬意与无上供养之心。

土火之艺　209

景德镇窑五彩人物图方形瓶

清咸丰
高28.5cm　　口径9.5cm　　腹径11.5cm

　　这件方形瓶，造型规整大方，线条流畅，撇口竖颈，上有对称的铺首（衔门环的底座），肩部和腹部界限清楚，腹为斜直壁四方形。釉面光洁自然，胎体厚重，胎质洁白，细腻坚致，修足工整。外壁绘人物故事图，以红、绿、黄、蓝、紫、黑等色施彩，用笔圆柔，颜色清丽，人物神态清晰，刻画生动，故事情节丰富。

五彩绘就人物瓶

粉彩"喜鹊登梅"图渣斗

清同治
高9cm　　口径8.5cm　　底径5cm

　　该器为黄地粉彩装饰，绘梅鹊纹。"喜鹊登梅"是中国传统吉祥图案。在黄釉上绘制朵朵盛开的梅花和各种形态的喜鹊，既取"喜上梅（眉）梢"的喜庆吉祥之意，又彰显皇家的富丽堂皇。

　　渣斗专用于盛载肉骨鱼刺等食物渣滓，小型者亦用于盛载茶渣，故也列于茶具之中。

喜鹊栖梅报吉祥

210　广东省博物馆

青花云鹤纹带爵盘

清光绪

爵，高12cm　口径11.6cm　底径5.9cm

盘，高5.3cm　口径16.2cm　底径11.5cm

　　此套酒器由爵杯和托盘两部分组成，爵杯仿照三代青铜器式样，其间绘青花云鹤纹，祥云缭绕，仙鹤翩跹。爵杯下有托盘，中间有凸起的山形爵座，爵座上有三条凹槽，用以插三足。盘内爵座上绘海水江崖纹，周围内壁上绘云鹤纹，口沿绘一周三角几何纹。此类仿古青铜器式样爵盘为明代永乐、宣德始有，专为宫廷制作的器皿极为精细，称为"江山一统爵盘"。

江山一统有爵盘

第四篇 南国明珠
——广东陶瓷的发展历程
（新石器时代至清代）

广东地区的陶瓷业同样有着悠久的历史，并且逐渐形成了鲜明的地域特点。

广东在新石器时代早期已出现了夹砂粗陶器，晚期出现了轮制技术。春秋战国时期，出现了早期龙窑。釉陶和几何印纹陶的出现，成为青铜时代区别于新石器时代的重要标志之一。秦汉时期广东制陶工艺有显著的进步。除日用器外，随葬明器和建筑用陶也大量生产。东汉至晋代越式陶器式微，反映出越文化与中原文化融合的过程。晋代开始，广东已能制作青釉瓷器，并通过南海出口国外。唐、宋时期广东陶瓷生产遍及各地，匣钵装烧和龙窑的普及标志着工艺技术的空前进步。梅县水车窑、潮州笔架山窑、广州西村窑、雷州窑等是当时较有影响的本土窑场，产品也大量外销到东南亚、中西亚等地。明清时期，石湾陶器和广彩瓷器以质优物美而名扬海内外，成为我国陶瓷百花园中的两朵奇葩。

大罐青釉展古韵

水车窑青釉双系大口罐

唐代

高14cm 口径18.5cm 底径14cm

广东梅州梅县出土

晋代开始,广东已能制作青釉瓷器,并通过南海出口至国外。

这件青釉双耳大口罐出土于广东梅县水车窑。整体略呈矮粗状,胎体厚重,胎为灰白色,双耳,从口、肩、腹至足曲线变化平稳,浑身如一圈圈涟漪荡开,地方特色浓厚。

水车窑属唐代广东青瓷窑,窑址在梅县水车及南口等地。梅县在唐代属潮州管辖,潮州在当时是一个繁荣的对外港口,因此水车窑的产品不仅内销,而且远销到泰国、日本等国家。

水车窑制造的器物主要有青釉碗、杯、碟、四耳罐、钵等,特点为胎体厚重,胎为灰色或灰白色。罐有高、矮两种形式。早期器物青釉色泽较淡,青中泛黄,器外多施半釉,并有剥釉现象。晚期器物釉色较深,釉层略厚,胎质坚硬,器外一般满釉支烧(瓷器装烧的一种方法,用支具将焙烧的器物支托到最佳窑位,并使器物之间不致粘连)。

土火之艺

南汉精品世仅存

青釉夹梁盖罐

南汉

高29cm　口径7cm　底径8.8cm

1954年广州番禺县石马村（今属黄埔区）出土

此罐上置弧面盖，盖两侧塑制对称穿孔扁条形梁，肩部附一对称穿孔双竖立扁条状夹耳及一对称穿孔扁条状竖向耳，夹耳与盖面条梁扣合。创意巧妙，做工精绝。内外壁满施青釉，泛灰，釉面晶莹润泽如玉。

此罐是五代十国时期南汉国皇帝中宗刘晟的随葬品，此类型罐仅见于刘晟墓，代表了南汉政权最高烧制水平。刘晟是南汉高祖刘龑（yǎn）第四子，南汉殇帝刘玢（bīn）之弟。

潮州名窑笔架山

潮州窑青白釉佛像

北宋
高31.5cm　底宽10.5cm
广东潮州出土

　　该佛像通体施青白釉，头、眼、须部位以黑褐色釉彩描绘。这是北宋时期东南沿海地区比较流行的一种瓷器装饰方法。

　　潮州窑的唐、宋、元窑址有多处，其中笔架山窑址规模最大，堆积最丰富，当地村民称之为"百窑村"。

岭南中原融褐彩

海康窑釉下褐彩凤鸟纹荷叶盖罐

元代

高31cm　口径9.8cm　底径13.4cm

广东湛江雷州雷城西湖水库元代墓葬出土

　　此罐为海康窑（雷州窑）生产。其外壁施青釉，釉下用褐彩绘六层纹饰，主体纹饰以菊花凤鸟为主题，层层花纹构图疏密得当，有飞凤、喜鹊、菊花、连钱纹、卷草纹、弦纹等。口盖为荷叶形，上绘双重莲瓣纹，精美程度远远超过同时期的雷州窑釉产品，是古代广东本土窑口的罕见经典之作。

　　海康窑因隋代属海康县，故名海康窑；又因地处雷州半岛，现为雷州市，故也称"雷州窑"。雷州窑是对雷州地区唐至清代窑址群的总称，目前已经发现60多处窑址。其创烧于唐代晚期，宋元时期发展到鼎盛阶段，沿用至清代，是国内陶瓷史上延续时间较长的瓷窑之一。

　　雷州窑受中原名窑影响，形成了独特的地方风格，以生产青釉瓷为主，以碗、碟等日常用瓷最多，最具特色的代表之作便是青釉褐彩瓷。它清新秀丽、朴实无华，富有民间风情和人文内涵，让中国陶瓷文化更为丰富。

翠色点点更胜蓝

石湾窑翠毛釉梅瓶

明代

高24.3cm　口径3.8cm　底径10cm

商承祚捐赠

　　该件翠毛釉梅瓶是石湾窑早期佳品。梅瓶小口，仅可插梅之瘦骨，满身蓝釉中布满不规则的浅色丝状纹理，似霜雪结晶，这是因窑变自然凝结而成的。

　　翠毛釉因蓝釉中丝丝缕缕的纹理美丽似翠鸟的羽毛，故名。翠毛釉是石湾窑仿宋钧釉的主要釉色之一，是广东省佛山市石湾镇石湾窑所特有的一种釉色，其釉蓝中透绿，色彩清新而富有变化，以独特的色彩和纹理在陶瓷艺术中独树一帜。石湾陶器的器皿多以仿古器物为主。

土火之艺　217

联姻纹章现广彩

广彩纹章纹镂空双耳高足盖罐

清代

高19cm　口径20cm　底径11cm

　　这是国外定烧的广彩，有着浓郁的西方韵味，又暗藏着中国元素。罐作镂空设计，花形盖纽，喇叭形高足。盖与足作菊瓣纹装饰，与镂空处融为一体、互相呼应。这是西方人用于盛装板栗等干果的容器，因此需要镂空透气的设计。

　　此盖罐绘有联姻的纹章，是1791年献给普鲁士王国公主及其驸马奥兰治威廉五世的餐具之一。威廉五世是英格兰安妮公主之子、乔治二世之孙。整套餐具共1000余件，精美而华丽。

小知识：纹章

　　纹章是欧洲中世纪战场和竞技场上的产物，最初是为了识别因披挂盔甲而无法辨认的战士，后来逐步发展为专属的识别物。从13世纪起，在欧洲无论是贵族还是平民，只要遵守纹章术的规则，任何人都可以拥有和使用纹章。

　　女儿可以合法使用饰有完整家族纹章的衣服，在婚后则将丈夫和父亲两个家族的纹章图案组合在一起使用，这就是"婚姻纹章"。纹章瓷是西方人把徽章图案烧制于定制的瓷器上面，作为自己独有的标志。

繁纹彩宴醉海章

广彩波斯文铭文人物故事图大碗

清道光

高19.5cm　口径54.5cm　底径29cm

  此碗敞口,深弧腹,圈足。外口沿处绘花蝶纹边饰,外边饰中间绘花体字母纹章。碗壁内外通体绘开光人物故事图,色彩华丽,纹饰繁密。

  此类大碗用来盛装一种由酒、果汁、汽水或苏打水调和而成的鸡尾酒,这种酒被称为"潘趣酒",盛装该酒的碗也叫"潘趣碗",通常出现在宴会、自助餐厅或派对上。

兼收并蓄别出裁

广彩人物图双耳盖盅

清代
高28cm　口径38.3cm　底径21.4cm

这件广彩人物双耳盖盅，整体造型侈口鼓腹，底部内收，器盖硕大，盖纽釉色金黄。其样式源自国外，内容绘制的则是中国传统人物故事，并配以曼妙繁复的精美纹饰，同时以织金手法填涂黄彩和金彩，犹如金丝缠绕在白玉瓷胎上，看起来色彩浓艳，金碧辉煌。

小知识：广彩瓷器

广彩瓷器制作工艺吸收了传统的古彩技艺，同时纹饰更多地模仿西方的艺术形式，采用彩绘、描金等技法，以艳丽的色彩和曼妙的线条，绘以各种繁复的花鸟人物等图案，迎合外国人的审美情趣。通常主题为清朝男子与女子的庭院生活，这种纹饰被称为"满大人"纹，为广彩瓷器特有。

石湾窑黄炳塑素胎金丝猫

清代
高12.5cm　身长22.5cm

　　这只猫足以以假乱真。此作品把猫擒鼠前的瞬间神态雕塑得活灵活现、栩栩如生。这件艺术品最令人惊叹的地方在于它的工艺——胎毛技法。作者利用泥胎烧成后的自然色呈现金丝猫的毛色，然后使用刻刀、木器和竹器等工具雕琢出皮毛。整个过程需要在陶胎八成干的情况下进行，以便使雕塑更加精细和真实。

　　此雕塑的作者黄炳，是清代中后期石湾陶塑名家，擅长制作鸟兽和人物，尤精于塑造鸭、猫和猴子。通过这种胎毛技法，黄炳成功地将猫的神态和动作刻画得自然且富有灵性，展示了石湾窑在陶瓷艺术方面的精湛技艺。

纤毫毕现名家作

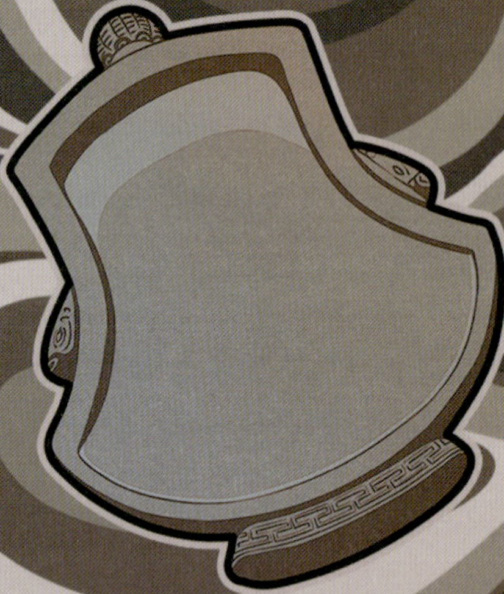

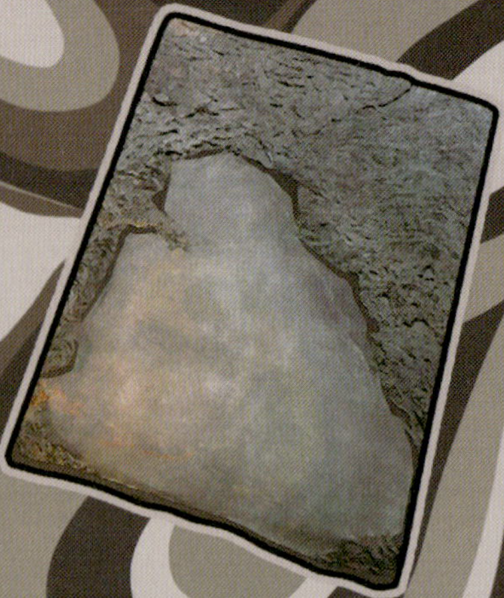

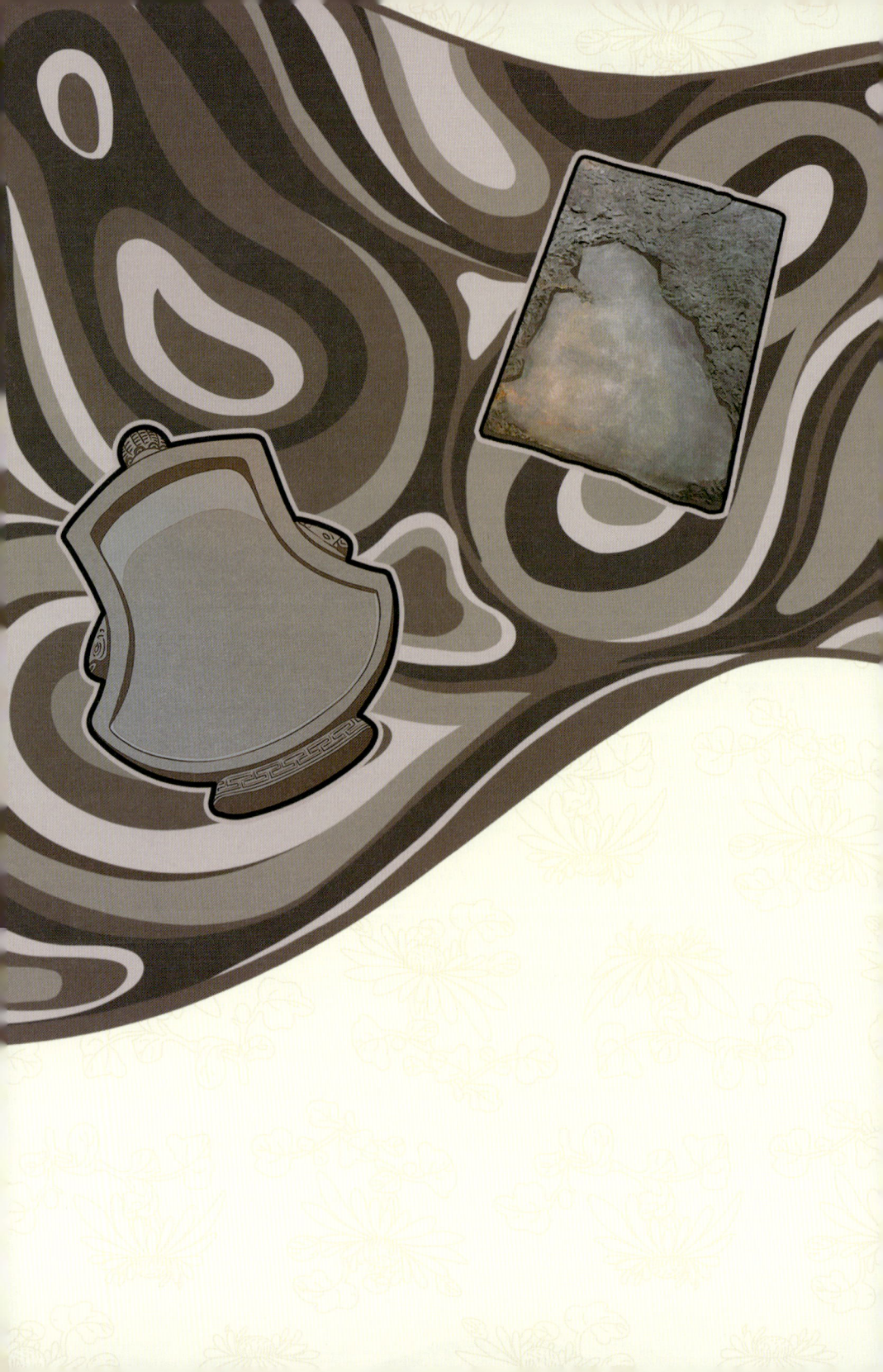

紫石凝英
——端砚艺术展览

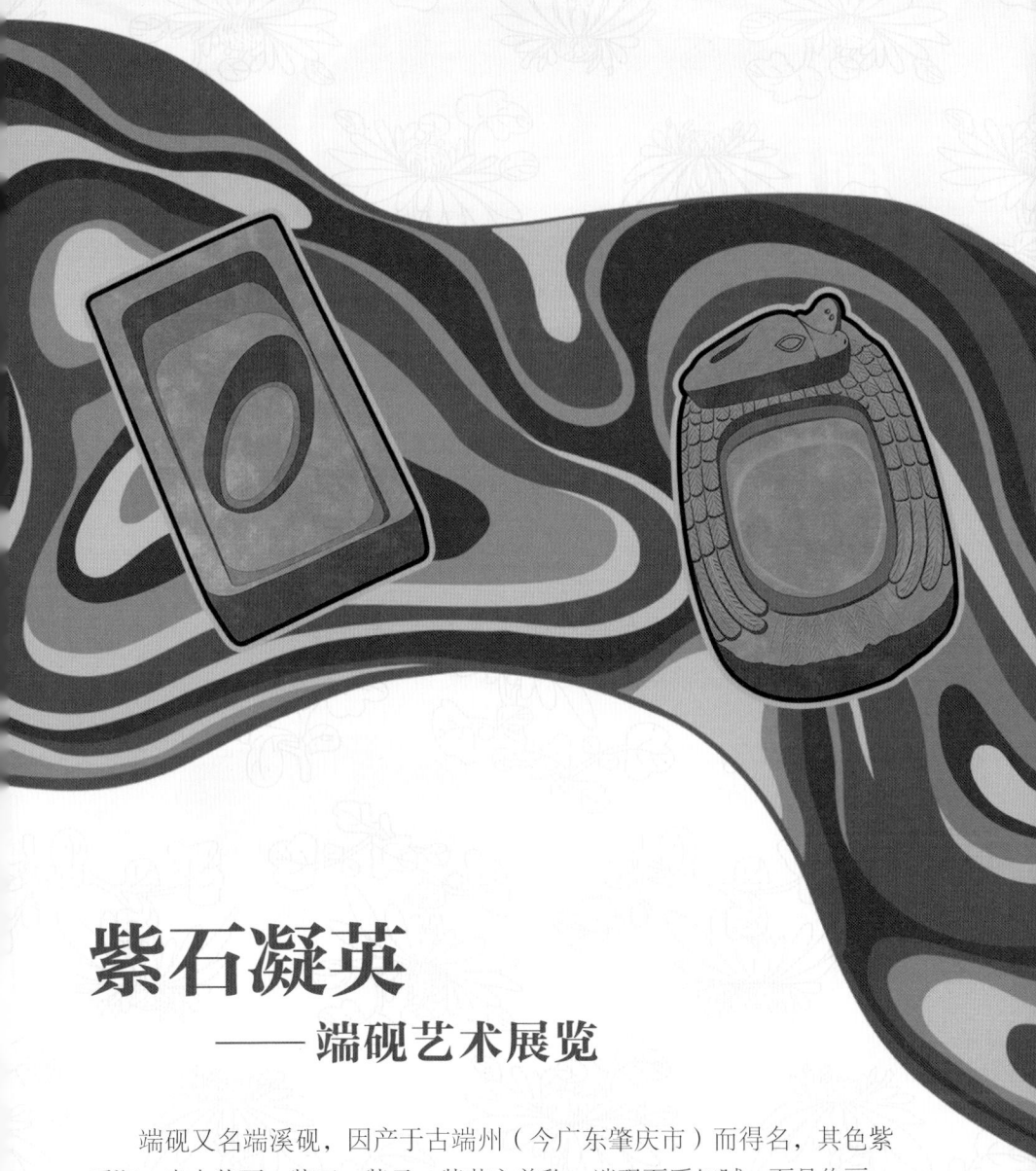

　　端砚又名端溪砚,因产于古端州(今广东肇庆市)而得名,其色紫质润,素有紫石、紫玉、紫云、紫英之美称。端砚石质细腻、石品绚丽、易发墨且贮水不耗,因赏用兼优,被誉为群砚之首。千余年来,制砚艺人利用端州石材,巧妙构思,精雕细琢,成就无数名品佳砚;历代文人镌诗题铭,言志抒怀,彰显诗、书、画、金石造诣,赋予端砚丰厚的文化内涵。从实用至上到赏用并重,由书写良友到案头清供,端砚的艺术价值逐步提升,堪称我国传统工艺中的一朵奇葩。

第一篇
砚林回溯

砚的历史十分久远，最早可追溯至新石器时代，早期的"砚"也称作"研"，由生活上的研磨器发展而来。汉代以后，砚台的材质丰富起来，石砚、瓦砚、瓷砚、玉砚、金属砚、漆砂砚……品类多样，异彩纷呈。

以端石制砚始于唐代，经过宋元时期的发展，端砚工艺至明清时期趋于成熟，清末民国逐步衰落。20世纪60年代起，端砚工艺得以恢复发展，焕发出新的生机。

青釉三足陶砚

东晋
高3.9cm　口径12.1cm　底径10.4cm

此砚为圆形双沿，内沿高出外沿，内外沿之间有一凹槽，砚池池面略呈弧形上凸，斜壁广平底，底沿处设三蹄足呈品字形排列，外壁施青釉，泛黄。

陶砚是瓦砚、澄泥砚、泥砚、砚瓦的统称，实用性较石砚要差。

汉代的陶砚造型古朴，砚下有足。三国时期开始，陶砚大量涌现，与汉砚一脉相承，多有足，用来加高砚身，与当时席地而坐、多用矮几的习俗相融。隋唐时期，陶砚仍盛行。至宋代，石砚普遍使用，加上瓷砚烧制较多，陶砚渐衰。五代十国，桌椅进一步普及，人们逐渐形成伏案习惯，无足砚登场。明清时期，瓷砚及各种砚材较多，陶砚在砚家族中已较难一见。

古砚材多池面显

双足箕形铜砚

唐代

长11.3cm　宽9.2cm　厚2.3cm

箕形砚是唐代的代表砚式之一，因其造型近似于簸箕而得名。

金属砚有铁砚、银砚和铜砚。据米芾《砚史》中的记载，宋代"丹阳人多于古冢得铜砚，三足蹄，有盖，不镂花，中陷一片陶，今人往往作砚于其中，翻以为匣也"。一些出土实物证明这种"铜砚"本来就是内置石陶砚板的铜盒，不是研墨用的砚。

端石箕形砚

唐代

长8.7cm　高1.6cm

陕西西安东郊唐墓出土

该砚器形较小。其石色紫红，呈簸箕形，砚堂平直倾斜，砚背两梯形足。箕形砚是唐代具有代表性的砚式，由于形似簸箕而得名，后来的凤字砚、抄手砚都是由唐代的箕形砚发展演变而来的。

端砚始于唐代。史料记载："端溪石，始于唐武德之世。"武德为唐高祖李渊年号（618—626年），至今近1400年。端砚石因石质柔润、发墨不滞、三日不涸，被尊为中国四大名砚之首。

是砚非砚铜为匣

三日不涸砚之首

紫石凝英

端石抄手砚

宋代
长15.4cm　宽10.3cm　厚3.1cm
广东潮州东郊刘景墓出土

　　该抄手砚四周线条平正，砚池较深，且池底线条明晰，呈菱形锐角。这种砚池比较少见。

　　砚台发展到宋代，最具时代特征的形制当为抄手砚。宋砚的特点是既朴素雅观，又实用方便。由于其时文人没有专属书案，砚石常需搬动，抄手砚底部是镂空的，前端和两侧留边与砚堂相连，三边如足，平整着地，手可以伸入，便于移动。

　　宋代的端砚赏用并重，文人墨客热衷于鉴赏、收藏和研究端砚。较之前代，宋代端砚形制多样，有记载的就有50多种。宋砚的形制较端正、简洁、大方，有关端砚的著述较多。宋代端砚突出石眼，因石质精良，成为进献朝廷的贡品。

端石琴式砚

宋代
纵18.3cm　横上6.5cm／下8cm　高1.5cm
广东佛山澜石镇鼓颡（sǎng）岗墓葬出土

　　此砚形仿古琴而无弦，砚池半月形，砚底出四足。

　　琴式砚是宋代较为特殊并多见的一种以器物为制式的砚式。琴式砚在砚台的基本功能上融入了古琴造型。宋代文风兴盛，文人雅士辈出，琴式砚一方面彰显了文人的身份认同，另一方面反映了他们的高尚情操。

良石精品进宫廷

墨韵琴音文风盛

宋坑荷甲刻天工

端石荷花长方砚

明代

长22.5cm　宽13.7cm

  这件砚台用宋坑石制成，砚台为长方形，雕刻质朴大气，砚额及池镂通雕荷花、莲蓬，池边一只螃蟹从卷叶里爬出来。雕刻题材取意"连中二甲"之意。朴拙大气的雕刻，颇具时代风格。

  明代端砚在唐宋的基础上发展和创新，创造了更多的砚形砚式，如凤字砚、荷花长方砚、蝉形砚、琴式砚等。制砚工艺承古且创新，砚形砚式更加丰富，纹饰题材颇为广泛。因材施艺、巧用天工，简练浑厚，不失别致。这一时期铭砚之风日渐盛行，端砚的艺术价值、文化内涵更加丰富。

小知识：宋坑

  宋坑，因始采于宋代（960—1279年）而得名。宋坑因分布较广，石质石色不尽相同，色紫如猪肝者为多，优质的宋坑石还有火捺等石品花纹。

秦砖汉瓦发墨好

永和元年砖砚

清代

长14.5cm 宽12cm

  此砖砚呈长方形，砚侧有"永和元年八月"铭文，永和为晋穆帝年号，永和元年为公元345年。

  秦砖汉瓦，曾是深受喜爱的砚材。因为这些砖瓦大多是皇家宫殿毁坏后的遗留物，所以成砖用土质地极为细润，烧制水平也很高，制成的砚不渗水，而且发墨好。清中期金石学大兴，以古砖瓦制砚较为盛行。

青花蝙蝠八卦砚

青花八卦纹瓷砚

清康熙

直径34.5cm

  该砚为圆形走水式，砚背饰青花蝙蝠，中绘八卦纹。砚侧围绘锦地开窗杂宝和诗文。

  瓷砚在魏晋时期已经出现，明清时期瓷砚品种繁多，以青花瓷砚较为多见，有的还与笔筒、笔架、水盂、墨床等配成文房套具。

小知识：砚堂与墨池

  砚堂，又称"墨堂"或"磨池"，位于砚台中央或前端，多呈微凹的平面或浅弧形，是砚台的核心功能区，专为研磨墨块而设计，四周常以砚缘稍加围挡，防止墨汁外溢。其形制与工艺直接决定了研墨的流畅度、发墨速度及墨汁细腻程度。

  墨池也称砚池，指砚上储存墨汁的低洼之处。墨池可大可小，有些干脆不设墨池。

青玉蝉形砚

清代

长12.6cm　宽9cm

　　该砚砚池呈蝉头形，砚底有两个凸足。古人认为蝉"饮露而不食"，寓意品德高洁，蝉形砚自宋元开始流行，深受文人喜爱。

　　玉砚的历史十分悠久，从殷墟出土的玉砚看，玉砚的历史可上溯到殷代。

玉蝉饮露德高洁

石渠式漆砂砚

清代

直径23cm　厚3.3cm

　　此砂砚砚体色黑灰微泛黄，为圆形水渠砚，砚堂圆形凸起，堂面由边至中部渐凹，弧形状水渠环绕砚堂，砚边侧刻有隶书铭文。

　　漆砂砚是以一种轻细金刚砂调和适度的色漆髹（xiū）涂于砚胎上制成，具有轻便的特点。漆砚的制作大约始于西汉，而漆砂制砚则始于宋代，是以木材做胎骨，大漆调入极细砂粒髹成砚面，胎质轻巧，坚细耐磨。砂粒大小和调漆多少必须适宜，粗则损墨伤毫，漆多则光滑而难发墨。漆砂砚是别具特色的砚品，为砚林增添了一个新品种，体现了砚文化与漆工艺的完美结合。

水渠成砚为木作

张坑荷叶艺取胜

端石荷叶砚

清光绪

长12cm 宽15.5cm

清代端砚工艺发展由盛渐衰，特别是清代后期，道光以后受端石开采的影响，制砚业逐渐走向衰落，偶尔在名坑复采的时期，呈现出短暂的盛景。有些砚坑因各种原因停采，因此端石产量不多，也逼使当时刻砚艺人以工取胜。

张之洞任两广总督时，曾主持重开老坑大西洞，出产了一批优质砚石，俗称"张坑石"。

此砚石质石色石品皆优，或为"张坑"出品。

名家名笔现自然

端石山外青山楼外楼砚

当代
长32cm　宽18cm　厚4cm

　　广东省工艺美术大师、国家级制砚大师、端砚理论专家刘演良先生制作的"山外青山楼外楼砚"是近代端砚的典型代表。此砚天然形成层层叠叠的崇山峻岭，中心偏低部位被处理成砚堂，只在天然砚石之间略施斧凿，雕刻出几处楼阁亭台和稀疏林木，整个砚面有着浓厚的自然山水意趣。

　　20世纪60年代起，端溪众多坑口逐步恢复开采，1978年名坑砚石基本恢复原貌，该砚由老坑石制作而成。

　　近现代的端砚多以风光风物为题材，具有鲜明的地域特色和时代风貌。端石工艺不再拘泥于制砚，有些被雕刻成圆雕摆件和生活用品，呈现出大型化、立体化的特点。

小知识：老坑

　　老坑石色青灰略带紫蓝，石质细滑娇嫩，致密坚实，花纹丰富，是最受追捧的名贵砚石。

　　开采老坑石是非常艰难的事，老坑洞口地势低，洞底在西江水下百余米深处。采石多在冬季进行，须排干积水采石。古时候，数十人排坐在洞内，用竹箕、陶罐将洞内的积水一罐一罐传至洞口，耗时两个月左右才能将水排干。

第二篇
石质粹美

端石质地细腻温润、致密坚实，贮水不耗、磨之无声，是得天独厚的制砚佳材。石品花纹名目繁多，形态万千，秀雅多姿，引人遐思，是独具特色的天然美石。因实用性与观赏性兼优，故历史上端砚曾与宣纸、徽墨、湖笔并称为"文房四宝"，又与歙（shè）砚、澄泥砚、洮（táo）河砚（或红丝砚）共誉为"四大名砚"。

端石钟形砚

明代

长13cm　宽7cm　厚2cm

此件端石钟形砚为宋坑石，色似猪肝偏紫，砚形如钟，唇饰回纹，背刻云纹和饕餮（tāo tiè）纹。

在端溪诸坑砚石中，宋坑石以下墨快而著称，但磨出的墨汁不及老坑石、麻子坑石及坑仔岩石的细腻油润，适宜书写奔放遒劲的大字。

钟最早是贵族专用的打击乐器，是象征着等级与权力的重要礼器，钟的造型也常常被用于文房用具之上。

自古才俊多钟情

紫石凝英

端石天蝠云龙砚

清代

长22cm 宽21.3cm 厚2.2cm

此砚由麻子坑石制成，石色青紫略带蓝，色泽油润。石品花纹丰富，中有席纹、蝇头青花、金钱火捺、胭脂火捺，并有石眼，色碧绿，砚额、砚池部分雕饰天蝠云龙纹。

青紫细润有石眼

> **小知识：麻子坑**
>
> 麻子坑，有水坑和旱坑之分，相传开采于清代乾隆年间（1736—1795年）。麻子坑与老坑、坑仔岩在端溪诸坑中石质最优，俗称"三大名坑"。传说乾隆年间高要有一位名叫"陈麻子"的人发现了此坑，并冒险开采，所以将此坑洞命名为"麻子坑"。

自然造化咏赞誉

端石夔纹长方砚

清代

长17.6cm　宽12cm　厚2.1cm

　　端砚为世人推崇，除石质精良之外，还在于色彩秀雅、名目繁多的石品花纹。

　　鱼脑冻是端石中最为名贵的石品花纹之一，色泽白中有黄略带青，也有白中略带灰黄色，清晰透澈，如鱼脑一般。鱼脑冻只在老坑、麻子坑、坑仔岩砚石中出现，十分名贵，制砚过程中往往被完整保留于砚堂。

　　此砚为老坑石所制，雕工精细，砚中含有鱼脑冻。

自古名砚不虚传

澄泥仿宋天成凤字砚

清代

长11cm 宽10.5cm 厚2.3cm

　　澄泥砚属陶砚，以过滤的细泥制坯煅烧制成。因烧制过程及时间不同，颜色也不同，有的则一砚多色。

　　澄泥砚始于汉，盛于唐宋，迄今已有千余年历史。其质地细腻，犹如婴儿皮肤一般。

　　据说，乾隆皇帝尤爱澄泥砚，清史有载，乾隆皇帝在位时曾亲自下令取绛州的澄泥，令江南织造办烧制澄泥砚，他对澄泥砚的钟爱可见一斑。

红绿砚石遍江山

钟纹红丝砚

清代

长16.3cm　宽10.6cm　厚2.8cm

　　红丝石产于山东青州黑山及临朐（qú）老崖崮（gù），其纹理为红底黄丝或黄底红丝。红丝砚，用之润笔护毫，观之色泽华贵，宋代以前，一度为"四大名砚"之一，后因砚石枯竭被迫停产，其地位被洮（táo）河砚取代。

松花石麒麟长方砚

清代

长15cm　宽10.3cm

　　此砚有黄绿相间水波纹。砚池由坡状的砚堂过渡成池，池头精工浮雕一回首奔跑的麒麟。麒麟四周饰火焰纹。砚背中间阴刻行书铭文"以静为用是以永年"。

　　松花石产于吉林省长白山区，多呈绿色，石中有如刷丝一般的条纹。由于产自皇室故乡，清代松花石仅供皇室专用。

端石长方砚

民国

长16.8cm　宽10.2cm　厚2cm

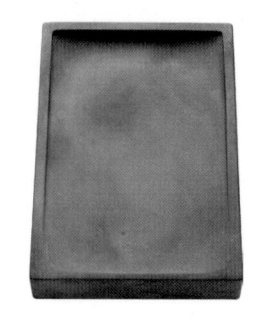

　　此砚由坑仔岩制成。坑仔岩与排名第一的老坑同样受到官府严格管制，为历代朝廷贡品。为了保护其有限的资源，目前已停止开采。坑仔岩可塑性较强，石皮色调丰富，朴拙自然，虽由人作，宛如天开，成了端砚一大特色。

朴拙自然若天开

小知识：坑仔岩

　　坑仔岩，又称康子岩、岩仔坑，宋代开始采石。坑仔岩石色青紫带红，石质细嫩，石品花纹有蕉叶白、鱼脑冻、火捺、青花等，并以石眼多、形圆正而著称。

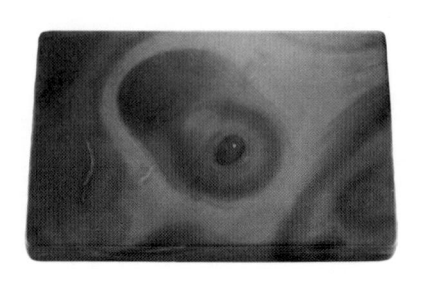

端石长方板砚

现代

长32.8cm　宽20.6cm　厚4cm

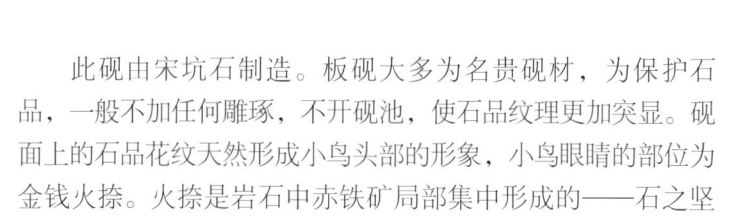

　　此砚由宋坑石制造。板砚大多为名贵砚材，为保护石品，一般不加任何雕琢，不开砚池，使石品纹理更加突显。砚面上的石品花纹天然形成小鸟头部的形象，小鸟眼睛的部位为金钱火捺。火捺是岩石中赤铁矿局部集中形成的——石之坚处，血之所凝。

石之坚处血凝结

238　广东省博物馆

第三篇
神工鬼斧

"有佳石不可无良工",天然美材与人工巧艺完美结合才能成就名品佳砚。

历代制砚艺人在色洁质美的端石上巧妙构思、因材施艺、亦琢亦磨、精雕细作,创造出异彩纷呈的砚形砚式、灵活多样的纹饰图案,形成了鲜明的时代风格和地域风格。

工艺流程

端砚制作一般有采石、维料、雕刻、磨光、配盒等几道工序,一件成功的砚雕作品,每道工序都至关重要。

雕刻技法

制砚与其他雕刻工艺有共通之处,常用技法有高浮雕、浅浮雕、薄意雕、透雕、沉雕以及线刻等,各种技法的运用往往相互结合,不拘一格。

端石鹅形砚

清代
长20cm 宽12cm 厚5cm

此砚为宋坑石所制,砚额高浮雕鹅头。高浮雕又称深浮雕,有很强烈的高低起伏。鹅形砚与蝉形砚一样,是仿生砚中常见的砚式,也是一种典范砚式。

鹅形砚的形成与流行,与晋代王羲之爱鹅有关,"羲之爱鹅""以书换鹅"的典故文人皆知,因而鹅砚素来为文人所好,遂成文房风雅。

羲之爱鹅率风尚

紫石凝英 239

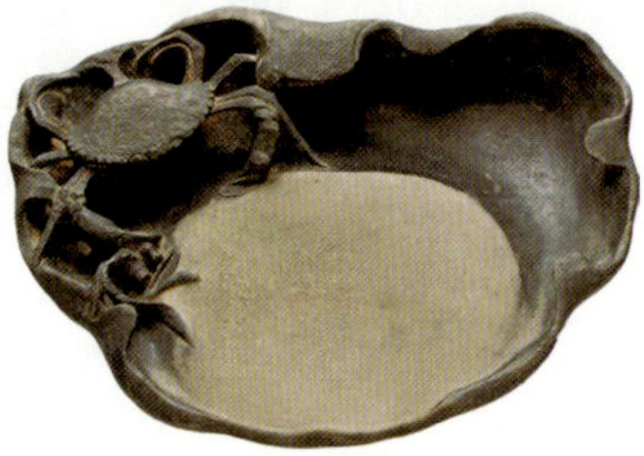

端石荷叶砚

清代

长27.6cm　宽20.5cm

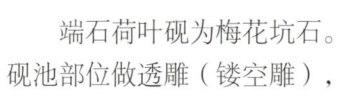

　　端石荷叶砚为梅花坑石。砚池部位做透雕（镂空雕），具有很强的立体感。以荷叶为纹饰的砚台，大多出自广东，通称广作。

　　该砚上的荷叶象征清雅高洁，且"荷"与"和""获""禾"音相近，有和谐、收获、丰收等美好寓意。螃蟹有甲壳，象征"科甲及第"，"解元"与"蟹"又谐音，寓意吉祥，"荷叶"加"螃蟹"也寓意"和谐"。

荷叶连连广作雕

砚形 砚式

　　从唐宋时期的"端方是尚，朴雅为经"，到明清时期的"标新树异，象物赋形"，端砚的形制经历了由简而繁、由单一到多样的发展历程。名目众多的砚形可归纳为规矩砚、象形砚以及随形砚三大类。

端石淌池小砚

清代

长11.9cm　宽6.9cm

　　这种砚制小巧玲珑，便于外出时携带，古时称为"行箧（qiè）砚"。

　　长方淌池式是规矩砚的主要形式。人们制砚用砚，首先考虑的就是它的实用性。此砚最大限度地拓展了使用面积，便于磨墨和存墨。对于用墨较多的书家画家，长方淌池砚一直广受欢迎，流传于世的数量也相对较多。

方方圆圆规矩砚

240　广东省博物馆

岭南佳果飘墨香

端石荔枝砚

清代

长29cm　宽11cm　厚4.5cm

　　象形砚以物体的形状为砚式，有仿植物、动物、器物三类。

　　此砚为宋坑石所制。石质细腻，石色凝重浑厚，紫如猪肝。作者取物赋形，将砚台雕成荔枝形，砚堂上部左右各雕一蝙蝠，作双蝠临池之状。砚额雕一串连枝带叶的小荔枝，其中稍大者深挖成小池。另一面砚堂为池状，砚额雕一串小荔枝，逼真可爱。荔枝为岭南佳果，又谐"利"音，此砚既具观赏性，又有好彩头。

顺势而为自然成

端石螺蚌砚

清同治

长15cm　宽8cm　厚1.4cm

　　随形砚又称自然形砚，多依石料的自然形状，稍加雕琢而成，造型无既定的模式，随意自然。

　　砚形如螺蚌，螺身的砚堂可磨墨，螺口的涡形池可掭（tiàn）笔。

紫石凝英　241

装饰题材

酒仙醉看泼墨人

端砚的装饰图案包括边饰纹样及主体图案。边饰纹样多为夔（kuí）龙纹、回纹、云纹、缠枝纹、水波纹、宝相花纹等传统纹饰，多雕刻在砚边部位。主体纹饰多为较写实的图案，如山水风光、花卉瓜果、鸟兽鱼虫、人物故事、吉祥图案等，雕刻在砚堂及砚池等处。这些装饰图案内容几乎涉及中国传统文化的方方面面，有些倍受喜爱，历代沿袭，成为经典砚式。

端石刘伶醉酒砚
清代
长12.2cm 宽9.4cm

此砚画面上，一人衣裳宽大，斜插扇子，双手抚桌案，微闭双眼，面前还有一杯酒，神情迷离，已到微醺。

刘伶为魏晋时期"竹林七贤"之一，情性高逸而不善言谈，往往纵酒忘形，因此后代文人墨客视刘伶为酒仙。他继承"建安风骨"，文采斐然，《酒德颂》为其代表作。刘伶醉酒的题材入砚，彰显了文人高洁自爱的情怀。

"竹林七贤"是魏晋文学的代表人物，指的是阮籍、嵇康、山涛、刘伶、阮咸、向秀、王戎，他们主张老庄之学，清静无为、归隐避世。

名震千古传佳话

端石兰亭砚

清代
长27.3cm　宽31.4cm

此砚砚背及砚台侧面均浮雕曲水流觞的典故场景。

以人物为雕饰的古端砚，可以追溯至北宋的兰亭砚。元代的端砚人物雕饰是个断层，明代中后期又有了长足发展，清代人物雕饰工艺技法高度成熟。但人物雕饰在清端砚中所占比例仍比较少，属时代创新的作品更少，仿古作品如兰亭砚、肖像砚亦需苦心搜求。

东晋时期有农历三月三到河边嬉游以消除不祥的"修禊（xì）"风俗。永和九年三月三日，王羲之与名士谢安、孙绰等40人在兰亭集会，饮酒赋诗，并作了名震千古的"兰亭集序"。从此，兰亭雅集成为千年不衰的艺术题材，"兰亭砚"也成为最经典的砚式之一。

笔耕不辍砚为田

端石井田砚

清代

长12.7cm 宽8cm

此砚作卷轴形，砚堂下挖，砚堂左上角挖"井"字形，右边阳文突起"留耕"二字，与"井"字砚池并行。"井"字砚池，喻作"井田"。古代文人以文墨为生，所谓"以砚为田，笔耕不辍"，砚因而被称作"砚田"。

砚左侧下挖成台阶，上砚额隐起浮雕梅花图。梅花香自苦寒来。梅花自古就是文人自喻自励的象征，梅花图老树虬枝、寒梅傲雪，代表着寒窗苦读、躬身笔耕的文人品格。

因材施艺

因材施艺、巧用俏色是端砚制作中的重要法则，即利用砚材的天然特征，如形状颜色、石色石品的特殊性，来确定砚形砚式和装饰内容，顺乎自然，巧施雕琢，达到掩瑕显瑜、锦上添花的艺术效果。

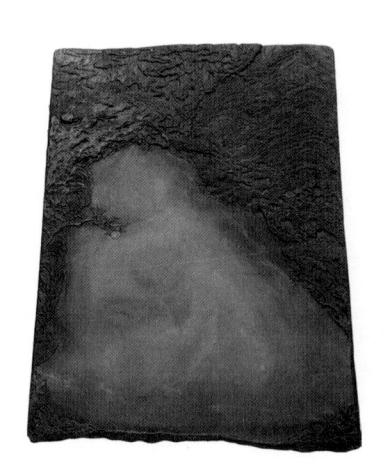

远观美猴吹欲散

端石千金猴王砚

清代

长25.5cm　宽17.6cm　厚2.7cm

此为老坑大西洞石所制。砚堂中有大片的鱼脑冻，形似猕猴，侧蹲回首，栩栩如生。鱼脑冻白中有黄，在端石中极为名贵。

砚工因材施艺，将砚面及砚背巧妙设计为花果山、水帘洞意境：山坡上枝干斜出，山谷间流水潺潺，一瀑布横泻而出，一派"花果山福地、水帘洞洞天"的奇景。

砚右侧铭文：千金猴王砚。光绪壬辰（1892年）禺山何氏闲叟珍藏。
砚左侧铭文：郭兰祥作砚，项信南刊字。

郭兰祥为肇庆制砚世家郭家传人，项信南为广州雕刻工匠。

文房清供香满室

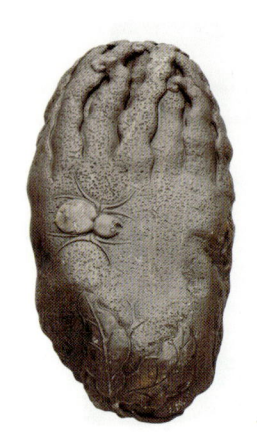

端石佛手砚

清代

长15.8cm　宽8cm　厚1.7cm

　　此砚台为老坑石所制，砚面雕刻佛手果实形状，形成砚额，磨出平面作为砚堂，上方低洼处作为砚池，砚边做果蒂，砚背雕刻佛手造型，添加甲壳虫和两片枝叶，并用小点装饰，模仿麻点外壳，仿若天成。

　　佛手为南方地区出产的一种植物果实。佛手比喻佛祖之手，一直被认为是吉祥的植物，也是广东常见的年宵花。佛手谐音"福寿"，寓意为福寿无疆，因而佛手也成为文人闻果、清供的主角，以佛手入砚台设计，为古人雅致生活的缩影。

第四篇
文人与砚

"武夫宝剑，文人宝砚"，端砚历来深受文人雅士追捧，他们亦诗亦咏，勒铭题识，著书立说。自然造化赋予端砚石质之美，制砚艺人赋予端砚工艺之美，而历代文人则赋予端砚深厚的文化内涵。

镌诗题铭

"砚贵有铭，身价倍增"，文人墨客以端砚为载体，或咏物言志，或警言自勉，或馈赠留言，或记事抒怀。这些砚铭言辞精练，简洁清隽；书体正草隶篆，各具风致；印款题跋，相映成趣，体现出文人的审美情趣、境界追求和艺术造诣。"砚以人重"，故历代不乏为附庸风雅或追逐利益而仿刻名人款识的伪作。

端砚莫妙于老坑

端石闲足道人长方砚

明代

长17.5cm　宽10.5cm　厚6.4cm

此件由老坑石制成，砚堂深挖元宝形为坑，砚池较深。

砚背和砚边均有隶书铭文，书写人是何吾驺，广东中山人，明万历进士，官吏、礼、兵三部尚书，中极殿大学士，擅长书法和诗文，著有《元气常诗集》等。

著书立说

藏砚之余,古代文人亦醉心于编制砚谱、著书立说,他们对端砚的源流、坑口分布、石品石疵、砚形砚式、欣赏鉴别、使用保养和历代名砚作了大量著述,很多作品世代相传,成为后世的经典文献,不少赞美端砚的诗文朗朗上口,成为千古佳句。

一蓑烟雨任平生

端石东坡笠砚

清道光

底边长11cm　短边7.6cm　短边8.1cm

此件由老坑石制作,造型如斗笠,砚额和砚背都有斗笠纹。砚边有隶书铭文:东坡笠,龙石手造。砚背有篆书铭文:渔隐珍赏。

此砚台借助斗笠形象,表达苏轼《定风波》词句中"一蓑烟雨任平生"的诗意,抒发豁达开朗的人生豪情。

紫石凝英

中国古代书法与绘画

中国绘画艺术历史悠久,源远流长,是经过漫长的历史积淀和广泛的艺术实践,在不断丰富革新和发展中形成的具有鲜明中国特色、中国风格和中国气派的艺术形式,有着自己独立的绘画美学体系,在世界美术之

林中独树一帜，不仅是中华民族灿烂文化的重要组成部分，也是世界艺术宝库中的璀璨明珠！

广东省博物馆自1957年开始筹建以来，经过几代人的经营与努力，先后通过多种方式，征集收藏了大量中国书画等文物。目前所藏绘画、书法、碑拓等合计已达万余件（套），其中大部分为宋元以来的历代绘画精品，尤其以明清时期绘画与岭南地区绘画最为丰富。

因书画是"有机"文物，无法长期展示，所以大家每次参观博物馆遇到的书画可能皆不相同。

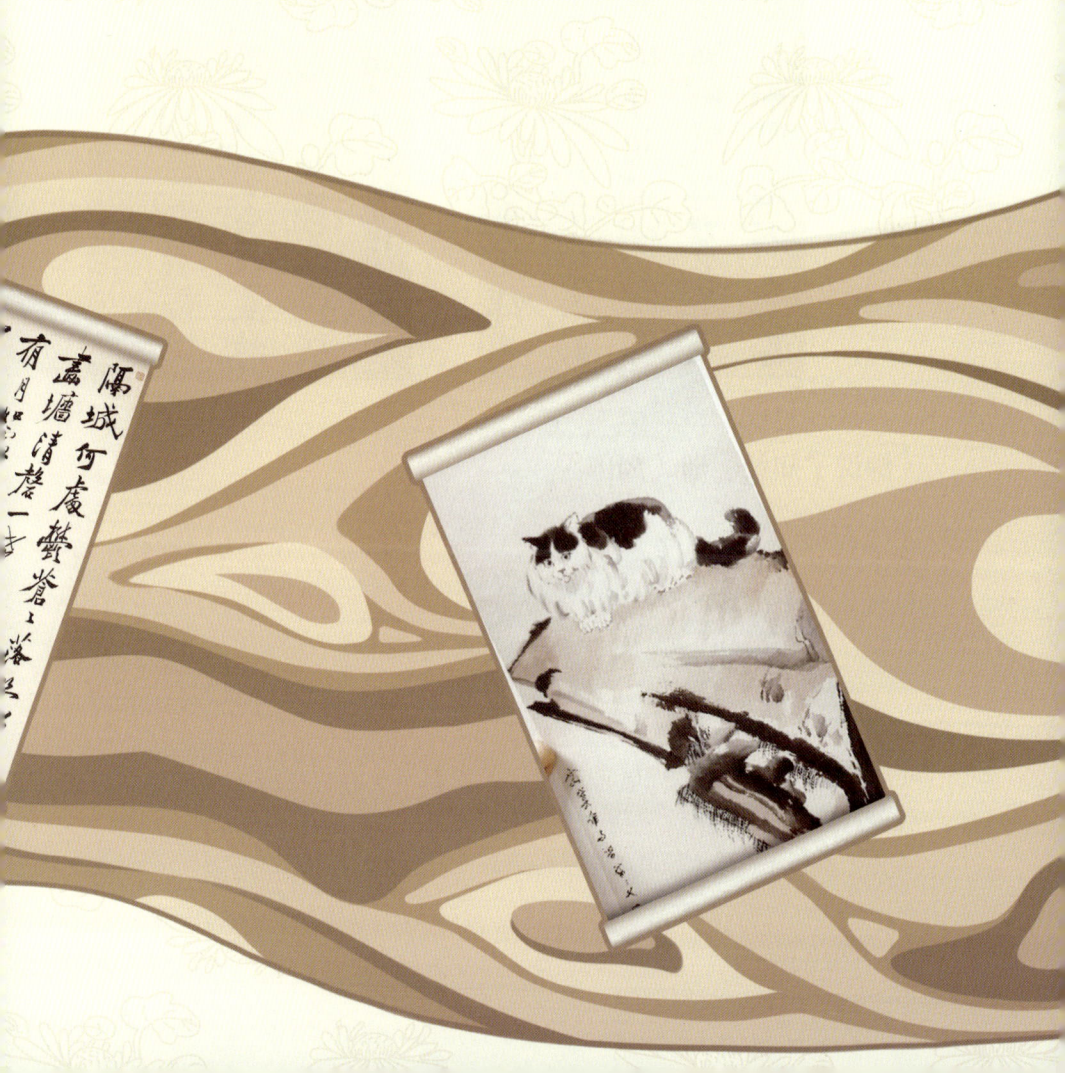

不见经传成经典

《佛说了知经》册（局部）

宋代　冯预
纸本
纵24cm　横10cm

　　冯预，生平事迹不详。此册页作于1068年，字体笔画横细竖粗，侧锋运笔，结实厚重，系宋人写经之精品。

　　西晋、隋唐至宋元时期，出现不少名不见经传者所书写的佛教经文，虽然作者本身并无名声，但却为后人留下宝贵的艺术财富，这些佛经成为艺术和文献价值较高的书法经典。

小品不小深营造

《春游晚归图》册页

南宋　佚名
绢本设色
纵21.6cm　横22.5cm

　　此图经著名书画鉴定家徐邦达、苏庚春等鉴定，认为是南宋山水佳作，左下之"夏圭"款则为后添。
　　图绘春日郊游归来之景，为典型的边角布景式构图。画面以溪流为界，近景斜坡缀石，松柏交翠掩映，木桥横跨溪间，溪水潺潺而下；远景山水缥缈，幽旷绵延，充分彰显宋代山水画家不再停留于对各种不同形象的集合，而是注重对空间深度的营造，对视觉感官真实性的追求。用笔豪放明利，毫无娇柔纤巧之感，乃典型的宋人山水小品。

墨龙无双开先河

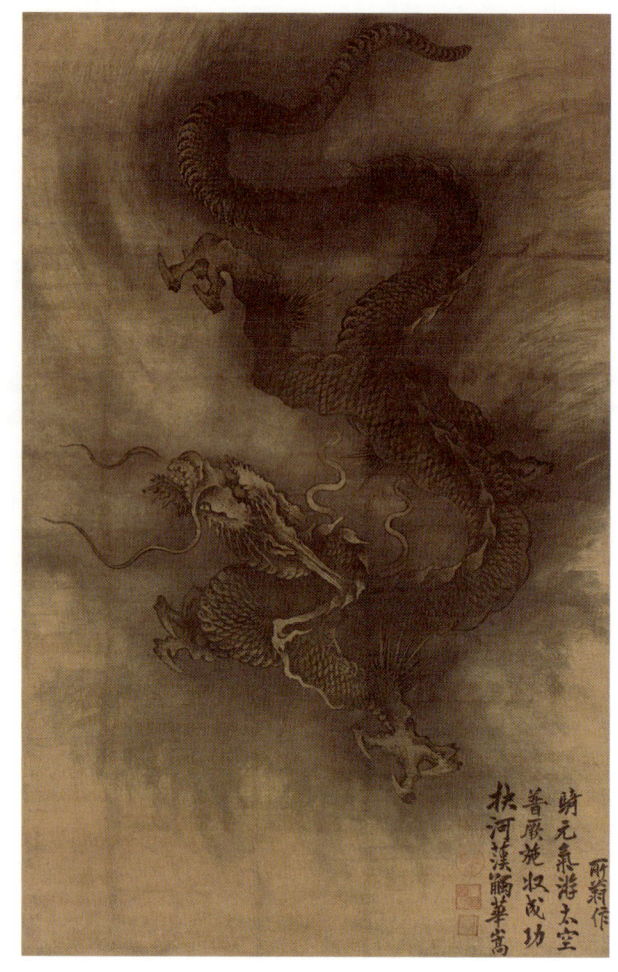

《墨龙图》轴

南宋　陈容
绢本设色
纵205.3cm　横131cm

　　陈容（1189—1268年），字公储，号所翁，福唐（今福建福清）人，一说福建长乐人。南宋理宗端平二年（1235年）进士，曾在临江（今江西清江）任职，后升任国子监主簿，官至朝散大夫。他学识广博，颇富文采，为人落拓不羁，暇喜游于翰墨，以画龙名重一时。其画龙善用水墨，深得变化之意，开创了水墨画龙的先河，在中国绘画史上可谓"前不见古人，后不见来者"。

此图以两幅绢拼成，画家用粗劲的线条勾画龙身并以淡墨晕染，仅在龙的眼睛及爪处施有赭（(zhě)）色，云雾则运笔迅捷，整个画面水墨酣畅淋漓。画面右下作者自题"抉河汉，触华嵩。普厥施，收成功。骑元气，游太空"，与画面上盘旋矫健、须目偾张的飞龙互为呼应，一起将飞龙腾跃九天、叱咤风云、势震山河的磅礴气势呈现得淋漓尽致。陈容画龙真迹传世不多，此图可谓其传世作品中罕见之鸿篇巨制，弥足珍贵。

竹影错落玲珑石

《竹石图》轴

元代　佚名
绢本墨笔
纵152cm　横48cm

此图无款识，绘墨竹数株立于石后，深浅相间，错落有致，秀气雅致，画风颇类元代画竹高手顾安；湖石则通透玲珑，画法近李衎（kàn），体现了一种不执着于工致的技艺。从整个画面来看，虽然作者仍比较注重物象的形态描摹，但其笔墨意趣与审美追求却是典型的文人画风格。

承前启后开先风

《陋室铭》卷

元代　赵孟頫（fǔ）

纸本

纵49cm　横131cm

赵孟頫（1254—1232年），字子昂，号松雪道人，浙江吴兴人。宋太祖赵匡胤十一世孙，秦王德芳之后。赵孟頫一生历宋元之变，仕隐两兼。工书法，篆、隶、真、行、草书无不冠绝，书风遒润秀美，温文典雅，在书法史上承前启后，成为开一代先风的书画名家。

此卷原为纸本挂轴，后经裘衣裱，改为纵49厘米，横131厘米的手卷，作者署穷款"子昂"，钤朱文方印"赵氏子昂"，引首钤朱文长方印"松雪斋"。

通篇字形扁方，结体方阔，间架疏朗，方整平正，用笔方圆并举，以方笔居多，转折处见棱角。法度严谨，字势宽博开张，气度平和雍容，雄浑大气。

所书《陋室铭》为唐代名篇，作者借赞美陋室抒发自己安贫乐道，不与世俗同流合污的意趣。

256　广东省博物馆

> 陋室銘
> 山不在高，有
> 仙則名，水不
> 在深，有龍則
> 靈。斯是陋室，
> 惟吾德馨。苔
> 痕上階綠，草
> 色入簾青。談
> 笑有鴻儒，往

出入晉唐自成家

《行书七绝》轴

明代　董其昌
纸本
纵114.5cm　横43.4cm

　　董其昌（1555—1636年），字玄宰，号思白、香光居士，华亭（今上海松江）人。万历进士。官至南京礼部尚书。与邢侗、张瑞图、米万钟并称"明末四大书家"。其工书画，书法初师颜真卿，后学晋唐诸家，自成一格。代表作有《前赤壁赋》《论墨帖》《论书册》等。

中国古代书法与绘画　257

白云青山挂碧泉

《青山白云红树图》轴

明代　董其昌
绢本设色
纵187.5cm　横85.5cm

董其昌精鉴赏，善书法，工山水，师法董源、巨然、黄公望等，提倡文人画，又以禅论画，有"南北宗"画论，著有《画禅室随笔》等，是中国书画史上承前启后的大家。

此幅以全景式构图展开，用笔极尽精微，设色妍丽清雅。图中烟云浮岚，丘壑多姿，殿阁屋舍，飞泉流瀑，营造出一种高旷清朗的境界，堪称董其昌青绿山水精品。画面上方有作者自题七绝一首，诗意与画境有机融合。

松鹤长春寿延年

《松鹤图》轴

明代　林良
绢本设色
纵174cm　横100cm

　　林良（约1428—1494年），字以善，广东南海人，明代早期著名宫廷画家，以擅画写意花鸟著称。在他之前，宫廷的花鸟画大都受到宋代"院体"画的影响，以工笔为主，林良则突破了"院体"程式，采用了工笔重彩、水墨写意、设色没骨等多种风格，在艳丽工巧的宫廷画风中独树一帜。此图以双鹤为表现主体，取松、竹等作为配景，有"松鹤延年"之意。画面中，仙鹤姿态高雅、闲适，颈部曲线自然、优美，一只昂首前探，似乎想要去啄垂下的松枝，一只回首俯视自己抬起的脚趾，描绘精细入微，设色明艳，洗练准确，体现了工笔画的严谨与细腻；而松树、兰草等则采用水墨技法，墨色浓淡相宜，收放有度，彰显出松树的苍虬有力，竹则虚虚实实，时隐时现，虽衬托于双鹤之后，但疏密、虚实相映相间，增强了画面的层次感和视觉效果，二者互为一体，颇富生趣。

《行书自书词》卷（局部）

明代　文徵明

纸本

纵26.5cm　横543.5cm

　　文徵明（1470—1559年），初名壁，后更字徵仲，号停云、衡山居士，祖籍衡山，长洲（今江苏苏州）人。书擅各体，尤精小楷、行草书。字体温润秀劲，稳重老成，法度严谨而意态生动。虽无雄浑的气势，但具晋唐书法的风致。

　　正德末年，他曾为翰林院待诏。世宗即位后，担任经筵讲官。后辞官，家居以翰墨自娱，潜心书画30余年。因此，世人称其"文待诏"。

　　明代书法继承宋、元帖学并取得飞跃发展。在中期，以吴门为中心的书画极为繁荣，书体上以张扬个性的行草书为主。明代后期，涌现一批书法大家，强调抒发性灵，不拘形式。这些书家及其作品，是明代帖学书风之典范。

晋唐书韵墨自娱

260　广东省博物馆

《淞江图》轴

明代　文徵明
纸本设色
纵130cm　横66.5cm

茅舍掩映水微澜

　　文徵明诗文书画无一不精，擅画山水，亦善花卉、兰竹、人物，绘画以浅绛和水墨写意并重，取江南风景和文人生活为主要表现对象。是"明四家"之一，吴门画派后期成员多为其后人和学生，影响深远。

　　此图具有明显倪瓒风格的远、中、近三段式构图，远景山峦起伏绵延，扩展了左右空间，中景水汽氤氲，宝塔、楼阁、林木若隐若现，近景树木繁茂，草亭、宅院掩映其间，二人闲坐茅舍中，若有一种怡然自得之乐。图上方有文徵明自题诗，并有王毂（gǔ）祥、清乾隆皇帝题跋，曾为清内府收藏。

茅龙破雪卷梅魂

《梅花诗》卷

明代　陈献章
纸本
纵31.5cm　横336.7cm

　　陈献章（1428—1500年），字公甫，号石斋，又名碧玉老人。原籍广东会城都会村，童年时举家迁于新会白沙乡，学者以乡名尊为"白沙先生"。献章善书，晚年束毛代笔，自成一家，成为"茅龙书法"。

　　岭南书法是广东省博物馆书画典藏的特色之一，和主流书坛一样，岭南书家演绎了帖学、碑学的继承及其创新的文化传统，成为中国书法家族中的重要一员。在体现鲜明地域特色的同时，他们为中国书法的多元化发展作出了不可磨灭的贡献。从西汉的南越陶文、隋碑、唐刻直到明清以迄近现代，均有不同的书法面貌，表现出岭南地区独有的书法成就。

妍丽生动工绝伦

《雪梅双鹤图》轴

明代　边景昭
绢本设色
纵156cm　横91cm

　　边景昭，生卒年不详，字文进，福建沙县人，祖籍陇西。明永乐年间被召入宫，任武英殿待诏，宣德年间仍供奉内廷。博学能诗，擅画禽鸟、花果，脱胎于南宋院体花鸟，尤以画鹤见长，但他的画传世较少。

　　此图是典型的明代画院风格，是宫廷花鸟画的代表作，画风工细严谨，色彩明丽沉着。图绘二鹤立于图中央，一只引吭，一只理羽，远处梅花、茶花在蒙蒙的雪中顾自开放。其用笔工整细腻，笔墨自然流畅，画史称其花果翎毛"妍丽生动，工致绝伦"。此图右上角有"待诏边景昭写雪梅双鹤图"的题款，款下钤有三方印章。

《溪山高逸图》卷（局部）

明代　沈周
纸本墨笔
纵48.5cm　横1377cm

隐逸居山听林泉

沈周（1427—1509年），字启南，号石田，晚号白石翁等，长洲（今江苏苏州）人。出身绘画世家，一生不应科举，专事诗文书画。他画艺精博，山水、人物、花鸟无一不精，尤以山水画成就最为卓著，是"吴门画派"的开创者和领袖人物，与文徵明、唐寅、仇英并称"明四家"，在元、明以来的文人画领域中有着承前启后的作用。

此卷为沈周晚年粗笔佳作，画面描写隐逸林泉山居的高士生活，营造了一个适宜独处，也充满人情互动的世界，借此寄托作者对理想家园的期待与想象。整卷画作笔墨挥洒淋漓，率意为之，树木苍劲浑厚，山石取其大要，人物简括而有神韵，气韵古朴高厚，意境高旷清逸。

雅集名园文会友

《名园雅集园图》卷（局部）

明代　谢时臣
纸本设色
纵31.5cm　横189.5cm

　　谢时臣（1487—1567年后），明代画家，字思忠，号樗（chū）仙、樗仙子、虎丘山人，吴县（今江苏苏州）人。能诗，工书，善画。作为一位职业画家，其风格兼有吴派与浙派的特点，善画山石、花卉，作品多为长卷巨幛。

　　在此卷中，作者将文士阶层"以文会友"的独特景观表现入画，将同一时空的人物动态通过墙屋、桥梁、山石、林木等贯穿在同一平面，用笔细腻，设色浅淡，构图茂密，体现了作者对长卷创作的驾驭能力与高超技巧。

子承父业衣钵传

《寒山策蹇图》轴

明代 文嘉
纸本墨笔
纵150cm 横38cm

　　文嘉（1501—1583年），字休承，号文水，长洲（今江苏苏州）人。文徵明次子。初以岁贡授吉水训导，升乌程教谕，后官至和州学正。能诗，工书，精于鉴古。善画山水，兼能花卉与篆刻。画风传文徵明衣钵，笔法近倪瓒，间仿王蒙皴（cūn）染，亦颇秀润。

　　此图将"高远"法与"深远"法相结合，描绘了雪霁林空日暮之时，骚人策蹇向寒山寻诗的情景。近景布置以小桥、阔水、缓坡、枯树等，骚人氅衣策蹇行于桥上，两人赤脚跟随于后，给人一种萧疏寥廓之感。中、远景则着力刻画山峰蜿蜒、高耸之势，结构复杂、曲折多变的山石，半隐半现的建筑、山林，使画面显得丰富多彩。整幅作品以淡墨皴擦点染，画面秀润雅致，突出了雪景寒林的清疏简远，透露出一种萧寒之气，意境清旷幽远，动人心魄。

跌宕传奇技艺精

《梅竹图》轴

明代　徐渭
纸本设色
纵116.5cm　横32cm

徐渭（1521—1593年），初字文清，后改字文长，号天池山人、青藤道士等，山阴（今浙江绍兴）人。多才多艺，在诗文、戏剧、书画等各方面都独树一帜，与解缙、杨慎并称"明代三才子"。工画花卉、山水、仕女，笔精墨妙，开创了水墨大写意花鸟画风气之先河，与陈淳并称"青藤白阳"，对后世画坛影响深远。

此图梅竹相映成趣，梅竹从画面左下方斜向探出，贴合题诗"一妹提红拂，三年下白鸾"意境，寓意红尘内外的渊源与联系。画中红梅以淡淡的红色点瓣，在徐渭作品中极为少见，竹子用墨色一挥而就，用笔洒脱，更见功力，当为徐渭成熟期的写意之作。

楷魂隶古追秦汉

《隶书五律诗》轴

清代　王时敏
纸本
纵137.7cm　横57.8cm

　　王时敏（1592—1680年），字逊之，号烟客，晚号西庐老人，江苏太仓人。王锡爵孙。出身明代官宦之家，崇祯初年曾任太常寺卿，故称为"王奉常"。工诗文书画，其隶书与朱彝尊、郑簠并称为"清初三隶"。

师古摹古创"娄东"

《拟子久山水图》轴

清代　王时敏
纸本墨笔
纵100cm　横51.5cm

　　王时敏（1592—1680年），字逊之，号烟客，晚号西庐老人，江苏太仓人。工诗文，善书，其绘画主张摹古，喜模仿黄公望等元代大家的笔墨技法，对清代绘画影响巨大，开创了"娄东派"，与王鉴、王翚（huī）、王原祁并称"四王"，"四王"又与恽寿平、吴历并称"清六家"。

　　此图画面布局充实繁密，山石画法以黄公望为宗，笔墨繁复，墨干湿融洽，皴（cūn）染交织，于披麻皴后又用横点叠皴，使质面产生大气淳厚之感，为其典型作品。

乱石铺街六分半

《行书七律诗》轴

清代　郑燮
纸本
纵162.6cm　横92cm

　　郑燮（1693—1766年），字克柔，号板桥，江苏兴化人，"扬州八怪"重要代表人物。其性落拓不羁，工诗书画，世称"三绝"。他的书法用汉八分杂入楷行草，自称"六分半书"，人称"板桥体"。他的字如"乱石铺街"，杂乱中又有规矩，在中国书法史上独树一帜；他还将书法用笔融于绘画之中，擅画竹、兰、石，兰竹在他的笔下"生长"了50多年。他的诗作因情感真挚很受大众喜爱。他重视艺术的独创性和风格的多样化，对后世很有影响。

　　"六分半书"是郑燮对自己独创性书法的一种谐谑称谓，后人称为"板桥体"。板桥体是在隶书中，杂入楷、行、篆、草等别的书体，字形刚里带柔，清新奇特，非隶非楷，非古非今。

《墨竹图》轴

清代　郑燮
纸本墨笔
纵154.5cm　横63.2cm

　　此图写竹数株，形态纤瘦，用墨虚实浅淡，意境简约，用笔抑、扬、顿、挫，有开有合，删繁就简，配以"六分半书"，散中求动，充满奇趣，洒脱中寓自然，别有一番风貌。

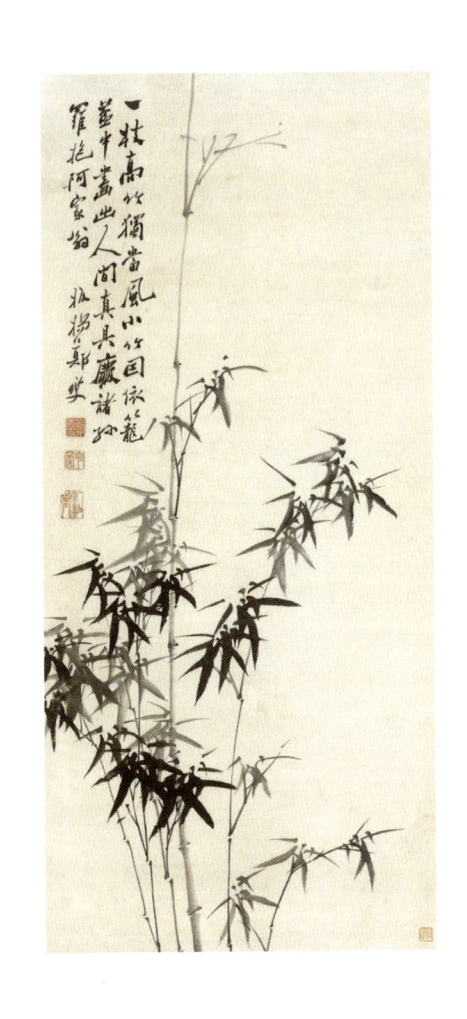

书风墨骨绘竹魂

不拘一家取众长

《仿古山水图》册（之一）

清代　王鉴
纸本设色
每开纵40.5cm　横28.5cm

　　王鉴（1598—1677年），字玄照，后改字圆照，号湘碧，江苏太仓人。王世贞曾孙，明崇祯举人，官廉州知府，人称王廉州，入清不仕。擅画山水，曾得董其昌亲授，作品匠心渲染，有沉雄古逸之长，与王时敏、王翚（huī）、王原祁并称"四王"，"清六家"之一。

　　在王鉴的传世作品中，有许多《仿古山水图》册，而且往往成套出现，八开、十开、十二开、十六开等。每册所仿并不限于一家，而是取法众多，唐宋元明诸名家，无论是南宗，还是北宗，皆是他仿古的对象。此册作者虽自题"仿赵大年""仿叔明荷亭清夏""仿北苑潇湘图""仿郑僖""仿赵松雪寒溪钓隐""仿惠崇"等，但绝非单纯地临摹或复制古人，而是"借古人之名漫为题仿"，或凭记忆为之，直抉古人精髓，别开生面，体现着自己的绘画方式与创作观念。无论是从绘画水平，还是从艺术价值等诸多方面而言，此册都堪称王鉴的精品力作。

《写陆游诗意图》册（之一）

清代　王翚
纸本设色
每开纵29.5cm　横42cm

王翚（1632—1717年），字石谷，号耕烟散人、乌目山人等，江苏常熟人。自幼嗜画，后师从王时敏、王鉴，所画山水不拘于一家，广采博览，集唐宋以来诸家之大成，全面整理传统山水画，形成综合概括法则，为清初画坛"四王"之一、"清六家"之一，开创了"虞山画派"，对后世影响极大。

此册是王翚67岁时为王时敏之子王掞（shàn）所作，共十二开，曾经陆时化、毕泷等名家鉴藏。各开用笔、设色均谨严精细，章法富于变化，墨色渲染得宜。作者虽自题"写放翁诗意"，但其实"纯用宋元人缩本"，缩摹自董源、荆浩、黄公望等诸家名作，比早年作品更为精到，显示了王翚极强的传统功力。

放翁诗意墨色染

小中现大承家法

《山水图》册（之一）

清代　王原祁
纸本设色
每开纵37.5cm　横27cm

　　王原祁（1642—1715年），字茂京，号麓台，别号石师道人，江苏太仓人。王时敏之孙，康熙年间进士，官至户部左侍郎，人称王司农。继承家法，以画名世，学元四家，以黄公望为宗，喜用干笔焦墨，层层皴（cūn）擦，用笔沉着，为清代"四王"之一、"清六家"之一，对清代画坛影响深远，为正统派中坚人物。曾参与编纂《佩文斋书画谱》，主持绘制《万寿盛典图》。

　　与王鉴等人一样，王原祁也曾创作许多《仿古山水图》册。其祖父王时敏曾倾力打造《小中现大图》册，还曾将自己年轻时临仿的《小中现大图》册送给王原祁，这种可以"载在行笥，出入与俱，以时楷模"的作品，在形制和模式上颇具创意性，无疑对王原祁创作《仿古山水图》册产生了重要影响。

　　此册共四开，笔墨苍润，布局繁密，皴染层次丰富，既注重从整体气势上把握构图与立意，也注意精微处的笔墨收拾，可谓"小中现大"，神采焕然。

黄山写生第一人

《松壑清泉图》轴

清代　弘仁
纸本墨笔
纵135.8cm　横60cm

　　弘仁（1610—1663或1664年），俗姓江，名韬，字六奇，又名舫，字鸥盟，安徽歙县人。明亡后于福建武夷山出家为僧，法名弘仁，字渐江，号梅花古衲。工诗文，擅画山水，兼工画梅，重视师法自然，作品多有清新之意，为清初画坛"四僧"之一、"新安画派"创始人，与石涛、梅清均为"黄山画派"中坚人物。

　　弘仁曾将黄山的各处名胜尽收笔底，可谓黄山写生第一人。此图绘山石陡峭、虬松横出的山林景观，作者虽然并未在署款中指出是否为黄山之景，但从画面构图及诸多细节中，均可窥见黄山对作者艺术创作的影响。作者以渴笔焦墨勾皴层岩，以浓润的细笔写树，枝疏叶落，风格冷峻劲峭，给人以纯净、空漠之感。

潜居山野自成风

《疏柳八哥图》轴

清代　朱耷
纸本墨笔
纵126cm　横45.5cm

　　朱耷（1626—1705年），原名统鋆（quàn），出家后，法名传棨（qǐ），字刃庵，号八大山人、雪个等，江西南昌人。明太祖第十七子朱权的九世孙，明亡后削发为僧，后改信道教，住南昌青云谱道院。善书画，能诗文，绘画取法自然，又独创新意，笔墨简练，以少胜多，为清初画坛"四僧"之一。

　　此图以简笔写绘枯柳八哥，八哥白眼向人，若有所思，以此表现自己孤傲不群、愤世嫉俗的性格。画面用笔极其简练，用墨干湿浓淡富于变化，构图疏密虚实、高低错落，充分体现作者"奇、险、空"的绘画风格。

禅荷破墨无定法

《墨荷图》轴

清代　石涛
绫本墨笔
纵191.5cm　横49cm

　　石涛（1641—约1718年），俗姓朱，名若极，广西桂林人。明靖江王朱赞仪之十世孙，明亡后削发为僧。法名原济，一作元济，字石涛，号大涤子，晚号瞎尊者、零丁老人等，自称苦瓜和尚。与梅清、梅庚、戴本孝同为"黄山画派"代表画家，与弘仁、髡残、朱耷合称"清初四僧"。擅画花果兰竹，兼工人物，尤擅山水。提出"一画"说，主张"借古以开今""我用我法"和"搜尽奇峰打草稿"等，在中国画史画论上具有十分重要的影响与意义。

　　此画为作者中晚年作品，以荷花为题，枯湿浓淡兼施并用，不拘成法，自抒胸臆。国家邮政局2009年3月发行《石涛作品选》特种邮票1套6枚，曾选用这件作品。

舶来画家第一人

《双鹿图》轴

清代　沈铨
绢本设色
纵181.8cm　横93cm

沈铨（1682—约1760年），字衡之，号南蘋、衡斋，浙江德清人，一作吴兴（今浙江湖州）人。少时师从平湖名家胡湄，擅画花鸟走兽，远师宋代黄筌法，近承明代边景昭、吕纪，以精密妍丽见长。亦擅画仕女，工秀绝伦。雍正九年（1731年）应日本邀请东渡传授技艺，开创"南蘋派"写生画，被日本人誉为"舶来画家第一人"。

此画中古松虬曲盘折，藤蔓缠绕，缀满粉白花苞、枝上两只小鸟，一只啾啾鸣叫，一只回首静立。嶙峋坡石上，一公一母两只梅花鹿依偎，抬头凝望，似为树上两只小鸟所吸引。鸟与鹿造型写实，神形毕肖，笔致细腻工整，构图饱满。沈铨自日本归来后，创作了大量以鹿为主题的绘画，此幅即是这类主题的典型作品，寓意为对福禄寿的向往与追求。

《指画听风图》轴

清代　高其佩
绢本设色
纵155.8cm　横81cm

高其佩（1672—1734年），字韦之，号且园、且道人、南村等，辽宁铁岭人。隶汉军镶黄旗，官刑部侍郎。擅花鸟、人物、山水，墨法得力于吴镇，形象近于吴伟，尤以指头作画著称，有"叱石成羊"之妙。工诗，著有《且园诗钞》。

此图作于作者因亏欠盐课去官赋闲之际。作品指绘大风起、树舞动，老者与童子聚精会神、观望倾听。画面简洁，用墨洒脱，随意施展，可谓高其佩指画精品。

指尖风起听林音

《镜影水月图》轴

清代　汪士慎
纸本墨笔
纵119.5cm　横53.5cm

镜中之影水中月

汪士慎（1686—约1762），字近人，号巢林、溪东外史、七峰居士、晚春老人等。安徽歙县人，一作安徽休宁人。寓居江苏扬州，与金农、华喦（yán）相善，为"扬州八怪"之一。工书画、篆刻，擅画花鸟，尤精于画梅，时人称其与金农、高翔、罗聘为"四大画梅高手"。暮年双目失明，犹能以意运腕作狂草。善诗，著有《巢林诗集》。

汪士慎人物画传世不多，此图可谓他的人物画代表作。展卷一观，满纸氤氲，气象神秘，一罗汉身披袈裟，静坐于溪旁，神态怡然。画面下方有作者自题："镜中之影，水中之月；云过山头，狮子出窟。清湘老人曾有此幅，近人偶一摹写，以博明眼一笑。"题句诗意与画面意境相得益彰，给观者留下无限想象空间。

罗家梅派花常开

《溪月黄昏图》轴

清代　罗聘
纸本设色
纵68.5cm　横37cm

　　罗聘（1733—1799年），字遯（dùn）夫，号两峰、花之寺僧，安徽歙县人，寓居江苏扬州。金农入室弟子，擅画人物、佛像、花果、梅竹、山水等，亦工诗，善治印，"扬州八怪"之一。妻方婉仪，子允绍、允缵均善画梅，世称"罗家梅派"。

　　此图构图新颖独特，画中老梅以仰视的角度绘就，自下而上贯穿整个画面；圆月则以俯视的视角在画面下方，影照梅花，又被梅花掩映。仰俯之间，可见作者的豪放旷达，颇具巧思。

变法维新倡碑学

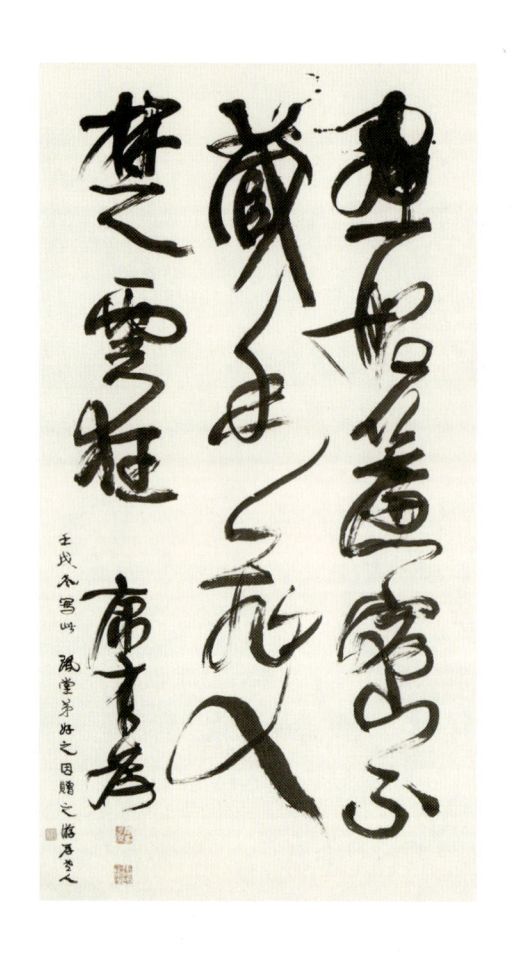

《行书》轴

近代　康有为

纸本

纵145.5cm　横69cm

康有为（1858—1927年），又名祖诒，字广厦，号长素，广东南海人，人称"康南海"，中国晚清到民国时期重要的政治家、思想家、教育家，资产阶级改良主义的代表人物，维新变法的主要发起人。光绪二十一年（1895）得知《马关条约》签订，联合1300多名举人上万言书，即"公车上书"。

康有为的书法功力深厚，力倡北碑，对碑学的贡献很大，是继阮元、包世臣后又一大书论家。他的著作《广艺舟双楫》，从理论上全面系统地总结碑学，提出"尊碑"之说，大力推崇汉魏六朝碑学，对碑派书法的兴盛有着极其深远的影响。

通古博今书篆文

《篆书五言联》

近代　章炳麟

纸本

纵147.5cm　横38.8cm

　　章炳麟（1869—1936年），原名学乘，后改名绛，字枚叔，号太炎，浙江余杭人。曾参加孙中山同盟会。博通经史、语言文字学。书法以篆书见长，因对金石学造诣深厚，书写篆文，均有渊源可循，著有《章氏丛书》《章氏丛书续编》等。

关山饮马墨消兵

《饮马渡关图》轴

1917年　高剑父
纸本设色
纵172cm　横95.6cm

高剑父（1879—1951年），本名麟，后易嵛，字爵廷，号老剑、剑庐等，广东番禺人。早年从居廉学画，1906年赴日留学，曾追随孙中山参与革命。辛亥革命后长期从事美术教育，擅画山水、花鸟，亦精书法、诗文，为"岭南画派"创始人之一。

此图作于1917年，彼时正值第一次世界大战，高剑父读唐王昌龄《塞下曲》有感而作："爰状斯图，为异日弭兵之倡。"作者注重透视、明暗、光线、空间的表现，尤其重视水墨、色彩与环境的渲染，并通过将意境表达和中西绘画技法的创新结合起来，创造出一种奔放雄劲的艺术效果。

巾帼之志纸上渲

《老虎图》轴

1925年　何香凝
纸本设色
纵127cm　横56cm

　　何香凝（1878—1972年），原名谏，又名瑞谏，广东南海人，生于香港。廖仲恺夫人，同盟会第一位女会员，长期追随和支持孙中山，是著名的国民党左派、民革主要创始人之一、妇女运动的领袖。1949年后任全国人大常委会副委员长、全国政协副主席等职。擅长诗词和国画，以老虎、狮子和梅花为题材的绘画作品享誉海内外，曾任中国美术家协会主席。

　　此图描绘一只老虎屈膝卧于竹林之下，仰头啸天，构图立意独特新颖，别出心裁，看似平静的画面之中，却透露出一股强大的气势，传达出一种坚强的意志和决心。

下里巴人名四海

《春荫对话图》轴

1927年　张大千
纸本设色
纵65.1cm　横28.5cm

　　张大千（1899—1983年），原名正权，后改名爰，号大千、下里巴人等，斋名大风堂，四川内江人。早年东渡日本留学，20世纪30年代任中央大学教授，抗日战争期间曾去敦煌临摹壁画，晚年栖身海外，获得巨大的国际声誉。他是20世纪中国画坛最具传奇色彩的国画大师，绘画、书法、篆刻、诗词无所不通，山水、花鸟、人物无不精湛，画风工写结合，重彩、水墨融为一体，尤其是泼墨与泼彩，开创了新的艺术风格。

　　此图以青绿手法，描绘了两位高士在山林间相对而坐、谈玄论道的情景。图中远处崇山峻岭，巍峨起伏；近处茂林修竹，流水潺潺。两位高士临岸席地，坐于古松之下，一名书童侍立于旁，一派悠然自得的景象。

白石墨中寄平生

《松鹰图》轴

1940年　齐白石
纸本墨笔
纵233.5cm　横96.3cm

齐白石（1864—1957年），原名纯芝，后改名璜，号白石、寄萍等，湖南湘潭人。早年曾为木工，后以卖画为生，中年后定居北京。擅画花鸟、虫鱼、山水、人物，喜大写意，自创一体。亦善治印，篆刻自成一家。曾任中央美术学院名誉教授、中国美术家协会主席、北京中国画院名誉院长等职，并被文化部授予"人民艺术家"称号，被世界和平理事会推举为世界文化名人。

"松鹰"是齐白石常画的题材。此图尺幅较大，构图别致，一枝粗大的松干从画面左上角自上而下贯穿整个画面，旁边有数簇松针依次环绕，松干刻画粗率，松针用笔细腻，二者形成鲜明对比。一只老鹰昂首立于松干之上，眈眈而视，虽然鹰喙尖锐而弯曲，趾爪带有利钩，看起来苍劲有力，但并不凶悍霸气，自有清风傲骨。

岭南秦派第一人

《毛主席隶书语录》轴

现代　秦咢生
纸本
纵107cm　横33cm

　　秦咢生（1900—1990年），初名岳生，嗣改谔生，复改曰咢生，字古循，号路亭，广东惠州人。中国著名书法家、印学艺术家、秦派书法创始人。雅好诗书，擅书法、篆刻，书法上长于隶书。著有《秦咢生石头记》《秦咢生行书册》《秦咢生手书宋词》《秦咢生自书诗》《秦咢生诗书篆刻选集》等。

毛主席语录：全国知识青年和学生青年一定要和广大的工农群众结合在一块，和他们变成一体。

龙湖学校属秦咢生书时一九七五年五一国际劳动节

《清漓渔歌图》轴

20世纪　李可染
纸本设色
纵69cm　横46cm

漓江墨韵载渔歌

　　李可染（1907—1989年），原名永顺，江苏徐州人。自幼酷爱绘画，曾先后考入上海美术专门学校、杭州国立艺术院学习，深受潘天寿、林风眠影响，并师从齐白石、黄宾虹学画。擅长画山水、人物，尤其擅长画牛，毕生致力于中国画的改革和复兴，曾在多所艺术院校任教，历任中央美术学院教授、中国美术家协会副主席等职。

　　李可染曾多次到桂林游览写生，桂林山水不仅深刻影响了他的山水画创作，也是他山水画创作的重要题材之一。此图立意新颖，构图简洁大胆，出人意料，画面右侧以大片留白表现水天一色、渔舟摇曳的漓江奇景，左侧则江岸蜿蜒、房屋星落、行人络绎、树丛茂密。整个画面疏密对比强烈，墨色的浓淡又拉开了空间层次，营造出一种江山无尽的画面意境。

信手拈来功不凡

《猫石图》轴

20世纪　徐悲鸿
纸本设色
纵110cm　横53cm

　　徐悲鸿（1895—1953年），原名寿康，江苏宜兴人。自幼承袭家学，研习中国绘画，后留学欧洲学习、研究西方美术。擅长油画与水墨画，主张写实主义，强调国画改革融入西画技法，所作国画彩墨浑厚，尤以奔马享誉于世。曾任首届中华全国美术工作者协会主席、中央美术学院院长等职，被尊称为"中国现代美术教育的奠基者"。

　　众所周知，徐悲鸿擅画马，其实他十分爱猫，也创作了许多以猫为主题的作品，甚至曾说"人家都说我的马好，其实我的猫比马画得好"。图绘一只猫立于岩石之上，目视前方，仿佛期待着什么，与画面题句"寂寞谁与语，昏昏又一年"形成呼应。猫的用笔用墨，注重写意与造型，或浓或淡，或精心勾勒，看似信手拈来，却又功力不凡。

青绿水墨融一体

《山水图》轴

20世纪　黄宾虹

纸本设色

纵120.2cm　横42.7cm

黄宾虹（1865—1955年），名质，字朴存，中年更号宾虹，以号行。祖籍安徽歙县，生于浙江金华。自幼学画。1907年后居上海，从事新闻与美术编辑、教育工作。1937年迁居北平，被聘为故宫古物鉴定委员等职。1948年返杭州任国立艺专教授。擅山水，作品融汇古今，穷极变化，自成浑厚华滋之独特面貌。

此图以高远和深远兼用的布局手法，将青绿与水墨融为一体，描绘了群峰耸立、云雾缭绕、树高林深、满目苍翠的山林奇景。

广州鲁迅纪念馆

广州鲁迅纪念馆，位于广州市越秀区文明路215号，占地面积4375平方米，建筑面积2500平方米，是广东省文化和旅游厅直属公益一类事业单位，由全国重点文物保护单位——国民党第一次代表大会旧址（包括革命广场）和广东省文物保护单位——清代广东贡院明远楼组成。

广州鲁迅纪念馆所在大院原为清代广东科举考试的贡院，经历了两广优级师范学堂、广东高等师范学堂、国立广东大学、中山大学的历史沿革。1924年孙中山在此召开中国国民党"一大"会议，1927年鲁迅来此任教。1957年，为了纪念鲁迅，广东省委决定在中山大学礼堂旧址钟楼内筹建广州鲁迅纪念馆。1959年10月1日，广州鲁迅纪念馆正式成立并对外开放，归广东省博物馆管辖。1995年被评为广州市爱国主义教育基地。2007年

开始闭馆修缮,直到2016年11月12日,广州鲁迅纪念馆重新向公众开放。

广州鲁迅纪念馆是社会历史类名人专题纪念馆。馆内设有《钟声1924——中国国民党第一次全国代表大会暨第一次国共合作历史陈列》《在钟楼上——鲁迅与广东》《从红楼到钟楼——广东贡院与近代高等教育变革陈列》《九天六夜秋闱苦 一点三方举子梦——广东贡院号舍基址陈列》等基本陈列。馆藏鲁迅、许广平手迹,鲁迅生活遗物,近现代书画,油画,《鲁迅在广州》连环画原画稿等藏品近3000件(套)。

广州鲁迅纪念馆下辖的中国国民党"一大"会议旧址

广州鲁迅纪念馆内这栋黄色的楼因楼顶安装大时钟而得名——钟楼。其坐北朝南，平面似"山"字形。黄墙白线，褚色门窗，整座楼为砖木结构。钟楼的前半部为两层，后半部为一层，这里是鲁迅先生当年工作和生活过的地方。也是中国国民党第一次全国代表大会召开的地方。

广州鲁迅纪念馆下辖的中国国民党"一大"会议旧址（礼堂局部）

　　钟楼的礼堂内正中间墙上挂着孙中山戎装像等。孙中山像正下方是主席台，台上放有鲜花。台下有左右两列座椅，椅子上贴有当年参会人员的名字。中国国民党第一次全国代表大会的召开，标志着国共两党合作局面形成，宣告了反帝反封建的革命统一战线正式建立，代表着中国革命进入了一个新阶段。

　　革命广场位于钟楼大院前面，广场中间是一片大草坪，东西两端各有一个大讲台，周围绿树成荫，这里是革命群众集会活动的重要场所之一。

广东贡院明远楼

广州鲁迅纪念馆钟楼背后的这座红色建筑便是广东贡院明远楼，它与顺天贡院、江南贡院和河南贡院并称为"清末四大贡院"。

宋代以前，广东科举考试还没有固定场所；直至宋代，广东兴建贡院，科举中的省级考试逐渐有了固定场地。历史上，广东贡院曾多次迁址，直到清康熙二十三年（1684年）广东巡抚李士桢在城南东南隅承恩里（今越秀区文明路）重建广东贡院，广东乡试开始有了固定考场，此后又经历了多次扩建、改造。

广东贡院明远楼作为广东贡院建筑群的一员，见证了中国科举制度由盛及衰的历史。

生字词注音释义

顺序	生字词	释义
B	玢（bīn）	一种玉的纹理。
	豳（bīn）	古地名，在今陕西彬州、旬邑一带。"豳风"为《诗经》十五国风之一。
C	茨（cí）	1.用茅草或芦苇盖屋顶。2.茨菇，一种植物，果实可食用。
	琮（cóng）	古代一种玉器，方柱形或长筒形，中有圆孔。
	皴（cūn）	1.中国画的技法之一，用淡干墨涂染以表现山石的峰峦纹理和树木枝干的脉络皱痕。2.皮肤皲裂。
	铳（chòng）	1.旧时的一种火器。2.斧斤受柄之处。
	樗（chū）	即"臭椿"。苦木科，落叶乔木，树皮灰色，不裂。
D	遯（dùn）	1.同"遁"：逃。如"遯走"。2.回避。3.隐去。
F	枋（fāng）	1.古书上说的一种树。2.方柱形木材。3.多音字，读作枋（bìng）时，古同"柄"，权柄。
G	觚（gū）	1.古代酒器，青铜制，喇叭形口、细腰、高圈足，盛行于商代和西周初期。2.古代用来书写的木简。
	毂（gǔ）	车轮中心的圆木，周围与车辐的一端相接，中有圆孔，用以插轴。亦用为车轮的代称。
	崮（gù）	四周陡峭、顶端较平的山（多用于地名）。
	簋（guǐ）	古代盛食物的器具，圆口，无耳或有两耳、四耳。
H	盉（hé）	古代酒器，青铜制，形状像壶，有三足或四足。
	翚（huī）	1.一种有五彩羽毛的野鸡。2.王翚，清代著名画家。
J	豇（jiāng）	豇豆，一年生草本植物，茎蔓生，豆荚长条形，嫩荚和种子可食。
	鐎（jiāo）	鐎斗，一种温食炊具，三足有柄，也有带流的。
K	衎（kàn）	1.和乐，愉快。2.和适自得的样子。3.李衎，蓟丘（今北京）人，元代画家。
	夔（kuí）	古代传说中的一种龙形异兽。
L	俚（lǐ）	1.鄙俗，粗野庸俗。2.通俗的，民间的。3.俚人，古代对南方某些少数民族的泛称。
	鬲（lì）	古代炊器。陶制。圆口，三空心足。新石器时代晚期开始出现，商、周时除陶制外，兼用青铜制。

续表

顺序	生字词	释义
M	墁（màn）	1.涂饰，涂抹，抹平。2.用砖、石等铺地。
	懋（mào）	1.勤勉。2.通"茂"，盛大。3.王世懋，明朝中后期官员。
N	鼐（nài）	1.大鼎。2.夏鼐，浙江温州人，中国考古学家。
P	鋬（pàn）	器物上供手提拿的部分。
	埤（pí）	1.增加。2.《埤雅·释鱼》，宋代古籍。
	貔貅（pí xiū）	古书上说的一种猛兽。
Q	棨（qǐ）	1.古时官吏所用仪仗之一，其形似戟，有衣，出行时执以前导。2.古代用木头做的一种通行证。过关时执以为凭。
	箧（qiè）	箱子一类的东西。
	朐（qú）	1.地名用字。2.多音字，读朐（xù）时，古同"昫"，温暖。
	耷（quàn）	人名用字。明末清初画家朱耷，原名统耷。
S	颡（sǎng）	1.额头。2.地名用字，如"鼓颡岗"。
	揆（shàn）	1.舒展，铺张。2.王揆，明太常寺少卿王时敏之子。
	畲（shē）	畲族，我国少数民族之一，主要分布在福建、浙江、广东一带。
	榫（sǔn）	竹、木、石等制造的器物或构件上利用凹凸方式相接处凸出的部分。
	桫椤（suō luó）	本土的广药之一。
T	饕餮（tāo tiè）	传说中的一种贪食的恶兽。古代青铜器上多刻其头部形状作为装饰，称为饕餮纹。
	洮（táo）	洮河，水名，在甘肃。
	掭（tiàn）	1.用毛笔蘸墨汁在砚台上弄均匀。2.拨动。
W	鼯（wú）	鼯鼠，哺乳动物，形似松鼠，能从树上滑翔下来。住在树洞中，昼伏夜出。
	庑（wǔ）	1.堂下周围的廊屋。2.大屋。
X	禊（xì）	修禊，古代的习俗，暮春三月在溪水边进行的一种消除不祥的活动。
	鹇（xián）	鸟名。古籍中一般指白鹇。
	鸮（xiāo）	鸟名。俗称猫头鹰。
	髹（xiū）	1.古代指赤黑色的漆。2.把漆涂在器物上。

续表

顺序	生字词	释义
Y	嵒（yán）	1.同"岩"，山崖。2.华嵒，福建上杭人，扬州画派的代表人物之一。
	龑（yǎn）	南汉皇帝刘龑为自己名字造的字，指飞龙在天、唯吾独尊。
	鍱（yè）	1.薄金属片。2.用薄金属片包裹。
	夤（yín）	1.攀附。2.恭敬，敬畏。
	郢爰（yǐng yuán）	楚国的一种称量货币，也是我国最早的原始黄金铸币。
Z	錾（zàn）	1.小凿。雕凿金石的工具。2.雕刻。
	赭（zhě）	1.红褐色。2.红土。
	徵榷（zhēng què）	征收专卖品之税。

忆华年主要文博类出版物

博典·博物馆笔记书

已出版——
《故宫里的海底精灵》
《故宫里的晴空白羽》
《故宫里的瑰丽珐琅》
《故宫里的温润君子》
《故宫里的金色时光》
《故宫里的琳琅烟云》
《故宫里的夜宴清歌》
《故宫里的阆苑魅影》
《故宫里的诗经墨韵》
《故宫里的洛神之恋》
《故宫里的金枝玉叶》
《故宫里的花语清风》
《故宫里的天子闲趣》
《故宫里的丽人雅趣》
《故宫里的童子妙趣》
《故宫里的禅定瑜伽》
《故宫里的花样冰嬉》
《故宫里的森林"萌"主》
《渔舟唱晚·墨霖山海》

待出版——
《故宫里的丹心爱犬》
《故宫里的绿鬓红颜》
《故宫里的顽皮宝贝》
《故宫里的十二生肖》
《故宫里的百态造像（动物）》
《故宫里的百态造像（人物）》

全国博物馆通识系列·一本博物馆

已出版——
《一本博物馆 南京博物院》
《一本博物馆 陕西历史博物馆》
《一本博物馆 湖北省博物馆》
《一本博物馆 湖南博物院》
《一本博物馆 辽宁省博物馆》
《一本博物馆 大同市博物馆》
《一本博物馆 山东博物馆》
《一本博物馆 重庆中国三峡博物馆》
《一本博物馆 广西壮族自治区博物馆》
《一本博物馆 安徽博物院》
《一本博物馆 广东省博物馆》

待出版——
《一本博物馆 成都博物馆》
《一本博物馆 中国（海南）南海博物馆》
《一本博物馆 山西博物院》
《一本博物馆 蚌埠市博物馆》
《一本博物馆 内蒙古博物院》